漢字

## 학부모님들의 뜨거운 사랑, 최고의 학습지로 보답하겠습니다!

기탄학습지를 사랑해 주시는 전국의 유·초등학생, 그리고 학부모님 여러분!

　그동안 기탄교육은 대한민국 모든 어린이들이 공평한 교육기회를 누릴 수 있도록, 저렴하면서도 최고의 학습효과를 거둘 수 있는 서점용 학습지를 개발·보급하여 왔습니다. 대표 브랜드 기탄수학을 비롯하여 기탄사고력수학, 기탄국어와 급수한자, 스텐퍼드영단어 등 기탄의 학습지들은 자녀교육에 관심이 높은 학부모님들께 꾸준한 인기를 얻었으며, 그 결과 기탄수학이 3년 연속 주요 일간지 학습지부문 히트상품에 선정되기도 했습니다. 또한 외국 교포, 외국에서 근무하는 외교관이나 상사주재원의 자녀, 이민이나 조기유학을 떠나는 학생들에게 기탄학습지는 꼭 챙겨야 하는 중요품목으로 자리잡게 되었습니다.

　기탄교육은 이러한 성원에 힘입어 교재에 대한 다양한 요구를 수렴하고, 교육의 시대적 변화에 능동적으로 대처한 신개념 학습지 기탄한글과 기탄영어를 개발하여 전국의 학부모님들로부터 뜨거운 찬사를 받고 있습니다. 특히 세계 최초로 채택한 4 in 1 시스템 제본은 뛰어난 학습 효과는 물론이고, 고객중심의 사고로 우리나라 교육출판 역사에 한 획을 그은 획기적인 발상으로 평가받고 있습니다.

　이번에 새로이 선보인 「기탄한자」 역시 어린이들과 학부모님의 기대에 부응하는 최고의 한자학습지라 자부합니다. 최근 한자능력검정시험에 응시하여 자격증을 따는 초등학생의 숫자가 기하급수적으로 증가하는 등 한자교육의 중요성이 높아지고 있습니다. 특히 어릴 때부터 한자를 익히면 중국어나 일본어를 습득하는데도 큰 도움이 될 뿐만 아니라 국어의 언어능력이 높아지고 학습효과가 증대된다는 많은 연구보고가 있습니다.

　'곡식은 농부의 발자국 소리를 듣고 자란다'는 말처럼 아이들 교육에서도 부모의 관심과 애정이 가장 큰 힘이요, 자양분입니다. 무조건 값비싼 사교육에 우리 아이들을 맡기기보다는 아이들 스스로 공부하는 힘을 길러줄 수 있도록 기초 교육만큼은 부모님께서 직접 챙겨 주십시오.
　앞으로도 저희 기탄교육은 항상 연구하고 노력하는 자세로 부모와 자녀가 함께 공부할 수 있는 좋은 교재를 개발하기 위해 모든 노력을 경주하겠습니다.

　기탄을 사랑하시는 전국의 모든 학부모님과 어린이 여러분께 진심으로 감사의 말씀을 드립니다.

(주) 기탄교육 임직원 일동

# 그림으로 익히고 놀이로 기억하는
## 〈입체 한자 학습프로그램〉

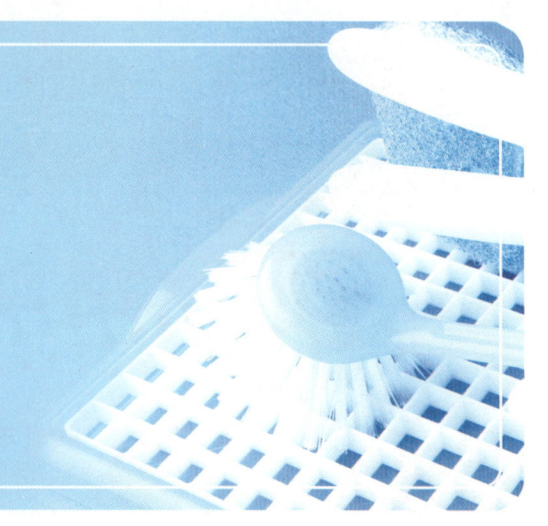

### 이미지 연상에 의한 그림 한자 학습

한자는 그림에서 출발한 문자입니다. 사물의 모양을 본떠서 점차 상징화된 표의문자(뜻글자)로 발전하여 오늘날 세계에서 가장 많은 수의 인구가 사용하는 문자가 되었습니다. 기탄한자는 아이들에게 한자를 그림의 일부로서 뜻을 기억하게 하고 사물의 모양에서 문자 요소를 각인하도록 하였습니다. 학습지업계 최초로 이미지 연상을 통한 그림 한자를 개발하여 아이들은 한자를 기호가 아닌 그림 덩어리로 받아들여 저절로 기억하게 됩니다.

### 자원변화 과정의 이해를 통한 원리 이해 학습

기탄한자는 무조건 쓰고 외우는 방식이 아니라 자원변화 과정의 이해를 통한 제자 원리를 이해하도록 합니다. 갑골문 – 금문 – 설문해자의 한자 변천 과정을 아이들의 눈으로 접해 보며 원리 이해에 의한 한자 학습을 진행합니다. 문자학계의 정설을 엄선하여 학문적으로 여러 번의 감수와 고증을 거친 한자 학습의 표본이 될 수 있는 한자 학습프로그램입니다.

### 학습 효과를 극대화하는 체계적인 학습 전개 방식

한 주의 학습 전개 방식은
복습 ➡ 도입 ➡ 전개 ➡ 활용 ➡ 정리 ➡ 상식 ➡ 놀이
학습의 순서로 전개됩니다.

**복습** 한 주 학습의 시작은 항상 지난 주에 학습했던 한자의 복습으로 출발합니다.

**도입** 재미있는 창작 동화를 통해 이번 주에 익힐 한자의 개념을 접하고 스티커 활동을 통해 흥미를 불러일으킵니다.

**전개** 각각 한자의 뜻과 소리와 모양 그리고 필순, 부수, 한자어 등을 익히게 됩니다.

**활용** 학습한 한자를 다양한 놀이 방법을 통하여 자연스럽게 좌뇌와 우뇌를 개발하는 이미지 학습법으로 한자 실력을 다져 나갑니다.

**정리** 앞서 익힌 3요소, 필순, 부수 등 한자의 가장 필수적인 내용을 마무리합니다.

**상식** 한자와 관련된 상식, 고사, 유래, 일화 등 여러 가지 흥미로운 이야기들을 엄마와 아이가 함께 읽어 나가면서 학습에 진정한 재미를 느낄 수 있습니다.

**놀이** 오리기, 접기, 만들기, 퍼즐 맞추기, 그림 그리기, 만화 등 아이의 오감을 이용할 수 있는 놀이 활동으로 한 주 학습을 마무리합니다.

# 아이들은 한자박사로,
# 엄마는 진정한 선생님으로 만들어 드립니다

### 아동의 좌우뇌 발달을 돕는 한자 학습

대뇌를 연구하는 학자들에 의하면 6세 이전에는 우뇌가 주로 발달하고 그 이후에는 좌뇌 발달이 이루어진다고 합니다. 우뇌는 이미지, 직관, 예술 등의 기능을 담당하고 좌뇌는 분석적, 논리적, 언어적인 역할을 담당합니다. 기탄한자만의 자랑인 그림 한자, 도트 연결 한자, 숨은 한자, 직관 한자 등 이미지 요소 학습을 통해 직관력과 통찰력을 키워 아이의 우뇌를 자극해 줍니다. 또, 뜻, 소리, 모양 분리하기, 규칙성 알기, 모눈한자 따라가기, 모양 추리하기, 한글•한자병기 학습은 아이의 좌뇌를 개발시켜 줍니다. 10세 미만의 아이라면 바로 기탄한자로 아이의 두뇌개발을 도와 주세요.

### 하나의 한자를 37회 연습하는 완전학습 프로그램

예를 들어 山(산/뫼 산)이라는 하나의 한자를 기탄한자 프로그램 내에서 총 37회의 학습 기회를 갖게 했습니다. 복습, 도입, 전개, 활용, 응용 등 다양한 학습의 장을 마련하여 아이들은 자신도 모르는 사이에 한자를 접하고 익히게 됩니다. 37회의 학습 기회는 한자를 완전학습으로 이끌어 주는 지름길이 됩니다.

### 다양한 놀잇감을 통한 입체적 놀이학습

기존의 주입식, 쓰기 일변도의 한자 학습법에서 벗어나 아이들의 오감을 자극하고 아이들이 학습의 주인공이 되는 부교재와 함께 학습합니다. 각 집(권)마다 한자 카드, 스티커는 물론, 한자어 카드와 모형 놀이, 창열기 놀이, 파노라마 놀이, 조각 한자 맞추기 놀이, 병풍 놀이, 브로마이드 등 패키지 학습물 수준의 놀잇감이 아이들의 학습을 재미로 이끌어 줍니다.

### 독립적인 복습호 운용과 학습 성취도 평가 시스템

4주마다 한 번씩 복습주를 편성하여 앞서 익힌 한자들을 기억하도록 구성하였습니다. 이미 학습한 한자를 시간의 흐름과 함께 잊어버리지 않도록 각 집(권)마다 1호씩 총복습의 기회를 갖게 합니다. 또, 복습호에서는 일정 기간 동안의 학습 성취도를 점검하는 형성평가를 구성하여 올바른 진도 진행을 도왔습니다. 엄마는 집(권)별 형성평가와 각 단계별 총괄평가를 통하여 우리 아이의 학습 상황을 점검하고 적절한 동기유발과 칭찬으로 진정한 엄마 선생님이 될 수 있습니다.

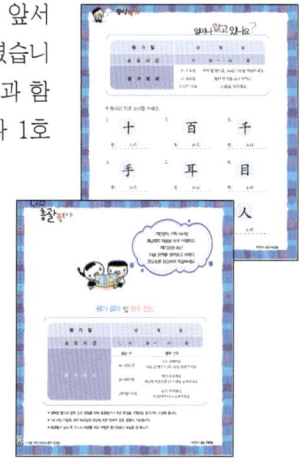

〈형성평가와 총괄평가〉

# 어렸을 때 배운 한자는 평생을 통해 활용됩니다
# 한자 학습의 중요성이 날로 높아지고 있습니다

## ● 한자 학습은 왜 필요할까요?

한자 학습은 이제 선택이 아닌 필수가 되었습니다. 우리의 언어 생활에 반드시 필요한 영역이라는 인식과 함께 한자가 지닌 학문적 전이성, 시대적 필요성 등이 재해석 되고 있기 때문입니다.

**첫째,** 우리말의 70% 이상이 한자어로 이루어졌기 때문에 기본적인 언어 생활에 도움을 줍니다. 곧 우리말을 바르게 이해하고 올바른 국어 생활을 하기 위해서는 한자를 아는 것이 필수적입니다.

**둘째,** 국어, 수학, 사회, 역사, 외국어 등 다른 학과 공부에 많은 도움을 줍니다. 예를 들어 수학을 공부할 때 분자(分子), 분모(分母), 분수(分數) 등 한자를 알고 있는 아이라면 수학의 개념도 훨씬 더 쉽고 정확하게 이해할 수 있습니다. 이렇게 한자는 타과목의 도구 교과적인 성격을 갖고 있습니다.

**셋째,** 어휘력과 이해력의 신장으로 문장 의미 파악이 쉬워져 책을 가까이 하는 아이로 만들어 줍니다. 한자는 조어력(造語力)과 의미 함축성이 매우 뛰어난 문자입니다. 이러한 이유로 전문서적이나 학술 용어 등은 한자로 표현되어 있습니다. 많은 양의 독서 경험은 곧 아이의 생각하는 힘과 창의력을 길러 줍니다.

**넷째,** 한자나 한문에는 선인들의 지혜와 윤리관이 배어 있어 바람직한 가치관과 예의범절을 배울 수 있습니다. 고전, 명문 속에 담긴 효행, 우애, 경로 등 사상적인 유산을 통해 바람직한 가치관을 가질 수 있고 나아가 사람이 해야 할 도리, 어른을 공경하는 자세, 학문을 배우는 자세 등도 익힐 수 있습니다.

## ● 한자 학습의 추세는 어떤가요?

한자 사용을 사대주의적 발상, 중국의 문자 차용이라고 보는 종전의 시각에서 벗어나 이제는 우리 언어의 일부라는 인식이 확대되어 초등학생부터 성인까지 한자 학습 열풍이 불고 있습니다.

**첫째,** 한자능력검정시험의 자격증이 국가 공인 자격증으로 인정됨에 따라 유아~성인에 이르기까지 한자 학습 붐이 일고 있습니다.

**둘째,** 21세기의 주역으로 한자 문화권이 급부상함에 따라 중국어, 일본어의 기초로서 한자 학습의 열기가 높아지고 있습니다. 한자는 세계인구의 1/4이 사용하고 있는 국제 문자로서 앞으로 그 중요성은 날로 높아질 것입니다.

**셋째,** 2005년부터 대학 수학 능력 시험 외국어 영역에 한문 과목이 추가되고 중·고등학교의 시험 출제 유형에서 논술 유형 출제 비중이 높아짐에 따라 한자 학습의 조기 교육이 일반화되어 가고 있는 상황입니다.

**넷째,** 대부분의 초등학교에서 재량시간으로 한자 학습을 시행하고 있습니다. 70년대 이후 한자 교육을 전혀 받지 못했던 부모님들과는 달리 현재 대부분의 초등학생들이 한자를 배우고 있습니다.

**다섯째,** 각종 공문서, 도로 표지판 등에 한자를 병기하는 국가 정책과 경제계, 교육계 등 각계의 한자 학습 요구에 대한 발표로 한자 학습의 중요성은 더욱 높아지고 있는 상황입니다.

# 한자 학습은 아이의 두뇌를 개발해 줍니다
## 한자 학습의 체계! 기탄한자가 잡아 줍니다

### ● 한자 학습의 효과는 무엇인가요?

▶ 한자는 그림에서 시작된 문자로서 구체적 이미지 자체가 곧 문자가 되었습니다. 이러한 시각적 이미지를 통한 학습은 곧 아동의 우뇌를 자극해 줍니다.

▶ 한자는 하나의 기초 개념에서 새로운 개념을 창출해 나갑니다. 이러한 과정을 통하여 아동의 창의력, 어휘력을 길러 줍니다.

▶ 한자는 저마다의 뜻, 소리, 모양을 각기 지닌 문자입니다. 이렇게 저마다의 뜻과 소리, 모양을 분석하는 연습을 통해 아동의 좌뇌 발달을 돕습니다.

▶ 한자는 부수와 몸이라는 수많은 부속품들의 조합으로 이루어진 문자입니다. 이러한 부속품들의 분리와 합체 과정을 통해 아이의 좌뇌를 발달하게 하고 논리력, 분석력을 키워 줍니다.

▶ 한자가 갖는 문자학적 특징은 조어력, 의미 함축성, 의미 명시성이 있습니다. 이미 만들어진 한자와 한자를 결합하여 새로운 단어를 만드는 조어력, 의미를 함축적으로 표현할 수 있는 의미 함축성, 의미가 바로 드러나는 의미 명시성이 있습니다.

한자 학습의 연구가 활발히 이루어지는 일본에서는 한자 학습의 시기가 빠를수록 좋다고 합니다. 그것은 우뇌 발달 시기인 6세 이전에 표의문자를 더 쉽게 받아들일 수 있으며, 초등학교 1학년 때가 가장 높은 효과를 보인다는 주장입니다. 그러므로 어른들의 관점으로 한자가 유아들에게 어렵다는 편견은 버려야 하며 한글을 어느 정도 읽을 수 있는 시기라면 한자 학습의 적기라고 할 수 있습니다.

### ● 기탄한자는 어떻게 구성되었나요?

▶ 기탄한자는 그림과 놀이로 시작하는 기초 한자 과정에서부터 고전명저의 명문장까지 한자 학습의 체계를 세우는 프로그램입니다. 중학교 교육용 한자 900자의 범위에서 기초한자(낱자)과정 ➡ 조어(교과서 한자어)과정 ➡ 문장(고전)과정의 학습까지 한자 학습의 체계를 세우는 학습목표로 개발되었습니다.

▶ 기초한자(낱자)과정(A단계~D단계)에서는 한자를 처음 시작하는 유아에서 한자 학습의 경험이 없는 초등학교 2학년생을 대상으로 상형자, 지사자 등 쉬운 개념의 기초한자 168자를 익히게 됩니다.
시각 이미지를 통한 그림한자의 각인과 다양한 부교재를 통한 놀이 학습으로 재미있게 학습하는 특성을 지니고 있습니다. 또, 최고의 일러스트와 세련된 디자인으로 아동의 정서적 심미감을 기를 수 있는 프로그램입니다. 기존의 한자 교재와는 차별화된 학습 효과를 얻을 수 있습니다.

▶ 조어(교과서 한자어)과정(E단계~G단계)에서는 총 90여권의 초등학교 교과서에 쓰인 모든 한자어를 사용 빈도와 한자 난이도에 따라 분석한 방대한 양의 데이터베이스를 갖추어 156자의 학습 한자와 530여 한자어를 선정하였습니다.

신출 한자와 이미 학습한 기출 한자를 조합하여 새로운 어휘를 만들어 내는 무궁무진한 조어(造語)의 원리를 아이가 스스로 깨달아 이해력과 어휘력이 높은 아이로 자라나게 해줍니다. 또 단편적인 한자 암기 학습에서 벗어나 국어, 수학, 사회, 과학 영역의 다양한 예문 학습과 창작 동화, 인물, 시, 신문, 고전이야기 등의 학습으로 학교 수업에 자신감을 길러 주고 나아가 어휘력, 사고력 향상으로 논술의 기초 능력까지 배양해 줍니다.

## 구성내용

# A·B단계 교재별 구성내용은 이렇습니다

◆ 기탄한자 **A단계** 호별 학습 내용 및 부교재

| 집 | 호 | | 학습 한자 | 학습 한자어 | 부교재 |
|---|---|---|---|---|---|
| 1집 | 1 | 1a ~ 12a | 山, 川, 日 | 강산, 등산/ 하천, 산천/ 日기, 日월 | 한자 모형 놀이<br>한자 카드<br>한자어 카드 |
| | 2 | 13a ~ 24a | 月, 火, 水 | 반月, 月급/ 火산, 火재/ 水영장, 水요일 | |
| | 3 | 25a ~ 36a | 木, 金, 土 | 木수, 식木일/ 金구, 황金/ 국土, 土지 | |
| | 4 | 37a ~ 48a | 복습+놀이 학습 | 복습 | |
| 2집 | 5 | 49a ~ 60a | 一, 二, 三 | 一등, 통一/ 二층, 二학년/ 三각형, 三총사 | 한자 창열기 놀이<br>한자 카드<br>한자어 카드 |
| | 6 | 61a ~ 72a | 四, 五, 六 | 四방, 四계절/ 五지선, 五월/ 六학년, 六반 | |
| | 7 | 73a ~ 84a | 七, 八, 九 | 북두七성, 七면조/ 八도강산, 八방미인/ 九관조, 九구단 | |
| | 8 | 85a ~ 96a | 복습+놀이 학습 | 복습 | |
| 3집 | 9 | 97a ~ 108a | 十, 百, 千 | 十자가, 十월/ 百점, 百화점/ 千자문, 千리마 | 한자 파노라마 놀이<br>한자 카드<br>한자어 카드 |
| | 10 | 109a ~ 120a | 耳, 目, 口 | 耳목, 耳비인후과/ 제目, 면目/ 식口, 출입口 | |
| | 11 | 121a ~ 132a | 人, 手, 足 | 人간, 人형/ 手술, 선手/ 足구, 수足 | |
| | 12 | 133a ~ 144a | 복습+놀이 학습 | 복습 | |
| 4집 | 13 | 145a ~ 156a | 田, 石, 玉 | 유田, 대田/ 石공, 石굴암/ 백玉, 玉동자 | 한자 브로마이드<br>한자 카드 |
| | 14 | 157a ~ 168a | 力, 大, 小 | 인力거, 풍力/ 大학생, 大가족/ 小아과, 小인국 | |
| | 15 | 169a ~ 180a | 上, 中, 下 | 上의, 上행선/ 中국, 中심/ 下교, 下인 | |
| | 16 | 181a ~ 192a | 복습+총괄 평가+놀이 학습 | 복습 | |

◆ 기탄한자 **B단계** 호별 학습 내용 및 부교재

| 집 | 호 | | 학습 한자 | 학습 한자어 | 부교재 |
|---|---|---|---|---|---|
| 1집 | 1 | 1a ~ 12a | 犬, 牛, 羊 | 충犬, 애犬/ 牛유, 牛마차/ 羊모, 백羊 | 한자 모형 놀이<br>한자 카드<br>한자어 카드 |
| | 2 | 13a ~ 24a | 父, 母, 子 | 父母, 父자/ 母녀, 학부母/ 子녀, 여子 | |
| | 3 | 25a ~ 36a | 生, 心, 身 | 生일, 선生/ 心신, 안心/ 身체, 身장 | |
| | 4 | 37a ~ 48a | 복습+놀이 학습 | 복습 | |
| 2집 | 5 | 49a ~ 60a | 車, 士, 己 | 車도, 자전車/ 군士, 박士/ 자己, 극己 | 한자 창열기 놀이<br>한자 카드<br>한자어 카드 |
| | 6 | 61a ~ 72a | 自, 工, 門 | 自동차, 自연/ 목工, 工장/ 대門, 창門 | |
| | 7 | 73a ~ 84a | 刀, 王, 白 | 단刀, 은장刀/ 王자, 국王/ 白지, 흑白 | |
| | 8 | 85a ~ 96a | 복습+놀이 학습 | 복습 | |
| 3집 | 9 | 97a ~ 108a | 魚, 貝, 鳥 | 인魚, 魚항/ 貝물, 貝총/ 백鳥, 길鳥 | 한자 파노라마 놀이<br>한자 카드<br>한자어 카드 |
| | 10 | 109a ~ 120a | 主, 册, 雨 | 主인, 主객/ 册상, 공册/ 雨산, 雨의 | |
| | 11 | 121a ~ 132a | 風, 里, 竹 | 風차, 강風/ 里장, 里정표/ 竹림, 竹도 | |
| | 12 | 133a ~ 144a | 복습+놀이 학습 | 복습 | |
| 4집 | 13 | 145a ~ 156a | 草, 花, 馬 | 약草, 草가/ 무궁花, 花원/ 경馬장, 馬부 | 한자 브로마이드<br>한자 카드 |
| | 14 | 157a ~ 168a | 男, 女, 夕 | 男녀, 미男/ 소女, 선女/ 夕양, 추夕 | |
| | 15 | 169a ~ 180a | 舌, 齒, 面 | 작舌차, 舌음/ 齒과, 충齒/ 가面, 수面 | |
| | 16 | 181a ~ 192a | 복습+총괄 평가+놀이 학습 | 복습 | |

# C·D단계 교재별 구성내용은 이렇습니다

◆ 기탄한자 C단계 호별 학습 내용 및 부교재

| 집 | 호 | | 학습 한자 | 학습 한자어 | 부교재 |
|---|---|---|---|---|---|
| 1집 | 1 | 1a ~ 12a | 文, 化, 言, 才 | 文인, 文신/ 化석, 문化/ 言어, 言론/ 多才, 천才 | 한자 맞추기 놀이<br>한자 카드<br>한자어 카드 |
| | 2 | 13a ~ 24a | 兄, 弟, 交, 友 | 兄제, 학부兄/ 의兄弟, 弟자/ 交통, 외交/ 交友, 전友 | |
| | 3 | 25a ~ 36a | 多, 少, 血, 肉 | 多정, 多少/ 少년, 노少/ 심血, 血육/ 肉식, 肉신 | |
| | 4 | 37a ~ 48a | 복습+놀이 학습 | 복습 | |
| 2집 | 5 | 49a ~ 60a | 出, 入, 內, 外 | 出구, 出생/ 入구, 出入/ 국內, 차內/ 外국, 內外 | 한자 병풍 놀이<br>한자 카드<br>한자어 카드 |
| | 6 | 61a ~ 72a | 去, 來, 立, 坐 | 去來, 과去/ 來일, 미來/ 자立, 立동/ 정坐 | |
| | 7 | 73a ~ 84a | 光, 明, 行, 步 | 光명, 풍光/ 문明, 明월/ 산行, 行진/ 步병, 步행 | |
| | 8 | 85a ~ 96a | 복습+놀이 학습 | 복습 | |
| 3집 | 9 | 97a ~ 108a | 天, 地, 江, 河 | 天사, 天국/ 천地, 地구/ 江산, 江촌/ 河천, 은河수 | 한자 주사위 놀이<br>한자 카드<br>한자어 카드 |
| | 10 | 109a ~ 120a | 毛, 皮, 角, 蟲 | 毛피, 양毛/ 목皮, 皮혁/ 녹角, 직角/ 초蟲, 해蟲 | |
| | 11 | 121a ~ 132a | 古, 今, 衣, 食 | 古목, 古서/ 고今, 今일/ 우衣, 하衣/ 외食, 초食 | |
| | 12 | 133a ~ 144a | 복습+놀이 학습 | 복습 | |
| 4집 | 13 | 145a ~ 156a | 君, 臣, 兵, 卒 | 君주, 君신/ 臣하, 충臣/ 兵사, 兵력/ 卒병, 卒업 | 한자 브로마이드<br>한자 카드 |
| | 14 | 157a ~ 168a | 方, 向, 左, 右 | 지方, 方향/ 풍向, 남向/ 左우, 左향左/ 右회전, 좌右명 | |
| | 15 | 169a ~ 180a | 本, 末, 分, 合 | 근本, 本인/ 末일, 本末/ 分교, 分수/ 合창, 合심 | |
| | 16 | 181a ~ 192a | 복습+총괄 평가+놀이 학습 | 복습 | |

◆ 기탄한사 D단계 호별 학습 내용 및 부교재

| 집 | 호 | | 학습 한자 | 학습 한자어 | 부교재 |
|---|---|---|---|---|---|
| 1집 | 1 | 1a ~ 12a | 靑, 赤, 音, 色 | 靑산, 靑년/ 赤색, 赤십자/ 音악, 音색/ 백色, 色지 | 한자 맞추기 놀이<br>한자 카드<br>한자어 카드 |
| | 2 | 13a ~ 24a | 住, 所, 姓, 名 | 의식住, 住택/ 所감, 장所/ 姓명, 백姓/ 名작, 지名 | |
| | 3 | 25a ~ 36a | 利, 用, 有, 無 | 利용, 예利/ 공用, 식用/ 有명, 소有/ 無인도, 無례 | |
| | 4 | 37a ~ 48a | 복습+놀이 학습 | 복습 | |
| 2집 | 5 | 49a ~ 60a | 公, 平, 意, 思 | 公공, 公무원/ 平화, 平야/ 意견, 동意/ 思고, 思상 | 한자 병풍 놀이<br>한자 카드<br>한자어 카드 |
| | 6 | 61a ~ 72a | 老, 弱, 貧, 富 | 老인, 원老/ 弱세, 노弱/ 貧약, 貧혈/ 富귀, 富자 | |
| | 7 | 73a ~ 84a | 正, 直, 忠, 孝 | 正직, 正답/ 直선, 直각/ 忠성, 忠언/ 孝도, 孝녀 | |
| | 8 | 85a ~ 96a | 복습+놀이 학습 | 복습 | |
| 3집 | 9 | 97a ~ 108a | 前, 後, 走, 止 | 역前, 오前/ 오後, 식後/ 활走로, 경走/ 止혈, 금止 | 한자 주사위 놀이<br>한자 카드<br>한자어 카드 |
| | 10 | 109a ~ 120a | 法, 道, 完, 全 | 法률, 法원/ 道로, 道덕/ 完승, 完성/ 全국, 안全 | |
| | 11 | 121a ~ 132a | 善, 惡, 長, 短 | 善악, 善행/ 惡마, 惡몽/ 長검, 사長/ 장短, 短명 | |
| | 12 | 133a ~ 144a | 복습+놀이 학습 | 복습 | |
| 4집 | 13 | 145a ~ 156a | 世, 界, 國, 家 | 世계, 출世/ 외界, 정界/ 國왕, 國어/ 家족, 작家 | 한자 브로마이드<br>한자 카드 |
| | 14 | 157a ~ 168a | 東, 西, 見, 聞 | 東서남북, 東해/ 西구, 西부/ 발見, 見학/ 신聞, 풍聞 | |
| | 15 | 169a ~ 180a | 南, 北, 兒, 童 | 南극, 南대문/ 北극, 北상/ 유兒, 兒동/ 목童, 童화 | |
| | 16 | 181a ~ 192a | 복습+총괄 평가+놀이 학습 | 복습 | |

# 구성내용

## E단계 교재별 구성내용은 이렇습니다

◆ 기탄교과서한자 E단계 호별 학습 내용 및 부교재

| 집 | 호 | | 학습 한자 | 학습 한자어 | | 심화 영역 | | 부교재 |
|---|---|---|---|---|---|---|---|---|
| 1집 | 1 | 1a~16a | 寸京品市 | 寸 : 四寸, 外三寸, 四寸間<br>品 : 食品, 用品, 作品 | 京 : 上京, 京畿道, 京仁線<br>市 : 市內, 市場, 市立 | 창작동화 | 소중한 지폐 한 장 1 | 한자 카드<br>쓰기보따리<br>형성평가 |
| | | | | | | 고사성어 | 水魚之交 | |
| | | | | | | 시 | 사랑스런 추억 - 윤동주 | |
| | 2 | 17a~32a | 巨具各曲 | 巨 : 巨人, 巨大, 巨木<br>各 : 各各, 各自, 各國 | 具 : 家具, 道具, 用具<br>曲 : 作曲, 曲線, 行進曲 | 창작동화 | 소중한 지폐 한 장 2 | |
| | | | | | | 고사성어 | 他山之石 | |
| | | | | | | 시 | 봄 - 빅토르 위고 | |
| | 3 | 33a~48a | 可由原因 | 可 : 可能, 可決, 不可能<br>原 : 原子力, 原因, 草原 | 由 : 自由, 由來, 理由<br>因 : 原因, 因果, 要因 | 창작동화 | 슬기로운 재판 1 | |
| | | | | | | 고사성어 | 見物生心 | |
| | | | | | | 시 | 절정 - 이육사 | |
| | 4 | 49a~64a | 복습 | 복습 | | 창작동화 | 슬기로운 재판 2 | |
| | | | | | | 고사성어 | 漁夫之利 | |
| | | | | | | 시 | 동방의 등불 - 타고르 | |
| 2집 | 5 | 65a~80a | 同求失反 | 同 : 同生, 同行, 合同<br>失 : 失手, 失明, 失言 | 求 : 求心力, 要求, 求人<br>反 : 反面, 反省, 反共 | 창작동화 | 닭이 사람과 함께 살게 된 이유 1 | 한자 카드<br>쓰기보따리<br>형성평가 |
| | | | | | | 고사성어 | 五十步百步 | |
| | | | | | | 시 | 접동새 - 김소월 | |
| | 6 | 81a~96a | 告共首民 | 告 : 忠告, 原告, 告白<br>首 : 自首, 首弟子, 首相 | 共 : 共同, 公共, 共生<br>民 : 市民, 國民, 民心 | 창작동화 | 닭이 사람과 함께 살게 된 이유 2 | |
| | | | | | | 고사성어 | 登龍門 | |
| | | | | | | 시 | 눈 내린 아침 - 이인로 | |
| | 7 | 97a~112a | 元先年回 | 元 : 元日, 元金, 元來<br>年 : 少年, 靑年, 一年 | 先 : 先生, 先山, 先王<br>回 : 一回用品, 河回, 回轉 | 창작동화 | 쇠를 먹는 쥐 1 | |
| | | | | | | 고사성어 | 馬耳東風 | |
| | | | | | | 시 | 눈 오는 저녁 - 김소월 | |
| | 8 | 113a~128a | 복습 | 복습 | | 창작동화 | 쇠를 먹는 쥐 2 | |
| | | | | | | 고사성어 | 白眉 | |
| | | | | | | 시 | 만돌이 - 윤동주 | |
| 3집 | 9 | 129a~144a | 不非未必 | 不 : 不足, 不公平, 不平<br>未 : 未安, 未來, 未完成 | 非 : 非行, 是非, 非常口<br>必 : 必要, 生必品, 不必要 | 창작동화 | 세 친구 1 | 한자 카드<br>쓰기보따리<br>형성평가 |
| | | | | | | 고사성어 | 多多益善 | |
| | | | | | | 시 | 삶이 그대를 속일지라도 - 푸슈킨 | |
| | 10 | 145a~160a | 知加字幸 | 知 : 知人, 知己, 告知<br>字 : 文字, 數字, 十字 | 加 : 加入, 加味, 加工<br>幸 : 多幸, 不幸, 幸福 | 창작동화 | 세 친구 2 | |
| | | | | | | 고사성어 | 聞一知十 | |
| | | | | | | 시 | 집 - 김영랑 | |
| | 11 | 161a~176a | 表形味香 | 表 : 表面, 表情, 表明<br>味 : 意味, 風味, 口味 | 形 : 人形, 三角形, 地形<br>香 : 香水, 香氣, 香 | 창작동화 | 꿀강아지 1 | |
| | | | | | | 고사성어 | 知音 | |
| | | | | | | 시 | 올벼 고개 숙이고 - 이현보 | |
| | 12 | 177a~192a | 복습 | 복습 | | 창작동화 | 꿀강아지 2 | |
| | | | | | | 고사성어 | 竹馬故友 | |
| | | | | | | 시 | 행복 - 한용운 | |
| 4집 | 13 | 193a~208a | 星軍相和 | 星 : 行星, 天王星, 北斗七星<br>相 : 首相, 人相, 色相 | 軍 : 軍人, 國軍, 軍士<br>和 : 平和, 和音, 共和國 | 창작동화 | 흰 코끼리의 전설 | 한자 카드<br>쓰기보따리<br>형성평가 |
| | | | | | | 고사성어 | 千里眼 | |
| | | | | | | 시 | 나그네의 밤 노래 - 괴테 | |
| | 14 | 209a~224a | 單別命祖 | 單 : 單元, 名單, 食單<br>命 : 生命, 人命, 命令 | 別 : 別名, 別世, 分別<br>祖 : 先祖, 祖上, 祖父母 | 창작동화 | 뱀이 기어 다니게 된 이유 1 | |
| | | | | | | 고사성어 | 朝三暮四 | |
| | | | | | | 시 | 말 없는 청산이오 - 성혼 | |
| | 15 | 225a~240a | 居章異再 | 居 : 住居, 居室, 同居<br>異 : 異常, 異意, 大同小異 | 章 : 文章, 圖章, 樂章<br>再 : 再生, 再活用, 再三 | 창작동화 | 뱀이 기어 다니게 된 이유 2 | |
| | | | | | | 고사성어 | 一擧兩得 | |
| | | | | | | 시 | 〈사랑〉을 사랑하여요 - 한용운 | |
| | 16 | 241a~256a | 복습 | 복습 | | 창작동화 | 뱀이 기어 다니게 된 이유 3 | |
| | | | | | | 고사성어 | 溫故知新 | |
| | | | | | | 시 | 삶의 아침인사 - 애너 리티셔 바볼드 | |

# F단계 교재별 구성내용은 이렇습니다

◆ 기탄교과서한자 F단계 호별 학습 내용 및 부교재

| 집 | 호 | | 학습 한자 | 학습 한자어 | | 심화 영역 | | 부교재 |
|---|---|---|---|---|---|---|---|---|
| 1집 | 1 | 1a~16a | 仁仙信休 | 仁: 仁川, 仁祖, 仁君<br>信: 信用, 自信, 信念 | 仙: 仙女, 水仙花, 仙人<br>休: 公休日, 休火山, 休息 | 창작동화 | 달밤에 얻은 행운 1 | 한자 카드<br>쓰기보따리<br>형성평가 |
| | | | | | | 고사성어 | 天高馬肥 | |
| | | | | | | 전래동화 | 빨간부채 파란부채 | |
| | 2 | 17a~32a | 安宅官容 | 安: 未安, 安心, 安全<br>官: 法官, 官家, 外交官 | 宅: 住宅, 自宅, 宅地<br>容: 容恕, 内容, 美容 | 창작동화 | 달밤에 얻은 행운 2 | |
| | | | | | | 고사성어 | 大器晚成 | |
| | | | | | | 전래동화 | 사만년을 산 사람 | |
| | 3 | 33a~48a | 海洋漁洗 | 海: 地中海, 東海, 海外<br>漁: 漁夫, 漁村, 出漁 | 洋: 東洋, 西洋, 海洋<br>洗: 洗手, 洗車, 洗面 | 창작동화 | 백일홍이야기 1 | |
| | | | | | | 고사성어 | 孟母三遷 | |
| | | | | | | 전래동화 | 소금을 만드는 맷돌 | |
| | 4 | 49a~64a | 복습 | 복습 | | 창작동화 | 백일홍이야기 2 | |
| | | | | | | 고사성어 | 蛇足 | |
| | | | | | | 전래동화 | 우렁각시 | |
| 2집 | 5 | 65a~80a | 他位俗保 | 他: 他人, 他地, 自他<br>俗: 民俗, 風俗, 世俗 | 位: 方位, 品位, 單位<br>保: 保全, 安保, 保有 | 창작동화 | 꾀 많은 장님 1 | 한자 카드<br>쓰기보따리<br>형성평가 |
| | | | | | | 고사성어 | 梁上君子 | |
| | | | | | | 전래동화 | 꼭두각시와 목도령 | |
| | 6 | 81a~96a | 守室客定 | 守: 守則, 保守, 守兵<br>客: 主客, 客室, 客地 | 室: 室内, 居室, 王室<br>定: 一定, 決定, 安定 | 창작동화 | 꾀 많은 장님 2 | |
| | | | | | | 고사성어 | 良藥苦於口 | |
| | | | | | | 전래동화 | 잊으라 한 건 안 잊고 | |
| | 7 | 97a~112a | 林村材校 | 林: 山林, 國有林, 竹林<br>材: 木材, 石材, 人材 | 村: 山村, 漁村, 民俗村<br>校: 下校, 校長, 校門 | 창작동화 | 바보 영웅 이야기 1 | |
| | | | | | | 고사성어 | 座右銘 | |
| | | | | | | 전래동화 | 반쪽이 | |
| | 8 | 113a~128a | 복습 | 복습 | | 창작동화 | 바보 영웅 이야기 2 | |
| | | | | | | 고사성어 | 矛盾 | |
| | | | | | | 전래동화 | 고양이와 푸른 구슬 | |
| 3집 | 9 | 129a~144a | 決洞注流 | 決: 決定, 決心, 可決<br>注: 注文, 注意, 注目 | 洞: 洞口, 洞長, 仁寺洞<br>流: 上流, 交流, 流行 | 창작동화 | 괴물 잡은 이발사 | 한자 카드<br>쓰기보따리<br>형성평가 |
| | | | | | | 고사성어 | 同床異夢 | |
| | | | | | | 전래동화 | 임자가 따로 있는 요술 궤짝 | |
| | 10 | 145a~160a | 便作使代 | 便: 便利, 便安, 大便<br>使: 使用, 天使, 使臣 | 作: 作心三日, 作用, 作品<br>代: 古代, 代表, 代身 | 창작동화 | 수수께끼 하나 | |
| | | | | | | 고사성어 | 結草報恩 | |
| | | | | | | 전래동화 | 배나무골 이도령 | |
| | 11 | 161a~176a | 念志感想 | 念: 信念, 記念, 一念<br>感: 共感, 自信感, 所感 | 志: 意志, 同志, 志士<br>想: 回想, 思想, 感想 | 창작동화 | 행운을 찾아다니는 사나이 1 | |
| | | | | | | 고사성어 | 井中之蛙 | |
| | | | | | | 전래동화 | 하늘 나라 밭 구경 | |
| | 12 | 177a~192a | 복습 | 복습 | | 창작동화 | 행운을 찾아다니는 사나이 2 | |
| | | | | | | 고사성어 | 近墨者黑 | |
| | | | | | | 전래동화 | 송뭉치 꼬리가 된 토끼 | |
| 4집 | 13 | 193a~208a | 計記語詩 | 計: 時計, 合計, 生計<br>語: 用語, 國語, 言語 | 記: 日記, 記入, 記念<br>詩: 童詩, 詩人, 三行詩 | 창작동화 | 그림자 없는 탑 1 | 한자 카드<br>쓰기보따리<br>형성평가 |
| | | | | | | 고사성어 | 有備無患 | |
| | | | | | | 전래동화 | 은혜 갚은 까치 | |
| | 14 | 209a~224a | 情性進造 | 情: 人情, 友情, 心情<br>進: 行進, 進出, 先進國 | 性: 性品, 性情, 女性<br>造: 造成, 造形, 人造 | 창작동화 | 그림자 없는 탑 2 | |
| | | | | | | 고사성어 | 走馬看山 | |
| | | | | | | 전래동화 | 두 개가 된 금덩이 | |
| | 15 | 225a~240a | 始好雲雪 | 始: 始作, 元始, 始祖<br>雲: 星雲, 白雲, 靑雲 | 好: 同好人, 好意, 好感<br>雪: 白雪, 雪景, 雪山 | 창작동화 | 그림자 없는 탑 3 | |
| | | | | | | 고사성어 | 螢雪之功 | |
| | | | | | | 전래동화 | 구렁이 신랑 | |
| | 16 | 241a~256a | 복습 | 복습 | | 창작동화 | 그림자 없는 탑 4 | |
| | | | | | | 고사성어 | 苦盡甘來 | |
| | | | | | | 전래동화 | 바리공주 | |

## 구성내용

# G단계 교재별 구성내용은 이렇습니다

◆ 기탄교과서한자 G단계 호별 학습 내용 및 부교재

| 집 | 호 | | 학습 한자 | 학습 한자어 | 심화 영역 | | 부교재 |
|---|---|---|---|---|---|---|---|
| 1집 | 1 | 1a~16a | 果實夫婦美 | 果:成果, 果實, 靑果, 無花果 實:行實, 實力, 實生活, 口實 夫:工夫, 夫子, 夫人, 漁夫 婦:主婦, 夫婦, 婦人, 婦女子 美:美化員, 美國人, 美人, 美化 | 인물 | 마크 트웨인 | 한자 카드 쓰기보따리 형성평가 |
| | | | | | 창작동화 | 소가 골라준 새 신랑 1 | |
| | | | | | 고사성어 | 改過遷善 | |
| | | | | | 기사문 | 돈 더 버는 아내 집안일 더 한다 | |
| | 2 | 17a~32a | 重要活動得 | 重:重要, 所重, 貴重, 重大 要:必要, 主要, 要求, 要所 活:活用, 生活, 活字, 活力 動:活動, 行動, 動力, 動作 得:所得, 利得, 得失 | 인물 | 어네스트 톰슨 시튼 | |
| | | | | | 창작동화 | 소가 골라준 새 신랑 2 | |
| | | | | | 고사성어 | 錦衣還鄕 | |
| | | | | | 기사문 | 컬러식품 좋아좋아 | |
| | 3 | 33a~48a | 夜景成功者 | 夜:夜食, 白夜, 夜光, 夜行 景:風景, 光景, 山景, 雪景 成:成長, 作成, 合成, 完成 功:成功, 功臣, 年功, 功力 者:記者, 富者, 步行者, 老弱者 | 인물 | 에디슨 | |
| | | | | | 창작동화 | 소가 골라준 새 신랑 3 | |
| | | | | | 고사성어 | 管鮑之交 | |
| | | | | | 기사문 | 日 간사이 5색 체험관광 | |
| | 4 | 49a~64a | 복습 | 복습 | 인물 | 퀴리부인 | |
| | | | | | 창작동화 | 소가 골라준 새 신랑 4 | |
| | | | | | 고사성어 | 刻舟求劍 | |
| | | | | | 기사문 | 재교육기관 노크 해보자 | |
| 2집 | 5 | 65a~80a | 時間空氣集 | 時:日時, 時代, 同時, 時計 間:人間, 山間, 時間, 中間 空:空中, 空間, 空冊, 空想 氣:空氣, 香氣, 日氣, 大氣 集:文集, 集中, 詩集, 集合 | 인물 | 장영실 | 한자 카드 쓰기보따리 형성평가 |
| | | | | | 창작동화 | 거짓말 시합 1 | |
| | | | | | 고사성어 | 刮目相對 | |
| | | | | | 기사문 | 귀성길 차 안에서 게임 한판 | |
| | 6 | 81a~96a | 現在協商事 | 現:表現, 現金, 現地, 出現 在:現在, 所在, 在京, 在來 協:協同, 協力, 協心, 協定 商:商人, 商品, 商去來, 協商 事:人事, 行事, 工事, 記事 | 인물 | 록펠러 | |
| | | | | | 창작동화 | 거짓말 시합 2 | |
| | | | | | 고사성어 | 吳越同舟 | |
| | | | | | 기사문 | 폴크스바겐 노·사 대협상 | |
| | 7 | 97a~112a | 社會技能部 | 社:社長, 會社, 社交, 入社 會:大會, 社會, 面會, 立會 技:長技, 技法, 技術, 技能 能:技能, 能力, 可能, 才能 部:部分, 一部分, 外部, 一部 | 인물 | 콜럼버스 | |
| | | | | | 창작동화 | 말 잘 듣는 효자 1 | |
| | | | | | 고사성어 | 羊頭狗肉 | |
| | | | | | 기사문 | 국가중대사 국민합의가 필요 | |
| | 8 | 113a~128a | 복습 | 복습 | 인물 | 앙리 뒤낭 | |
| | | | | | 창작동화 | 말 잘 듣는 효자 2 | |
| | | | | | 고사성어 | 完璧 | |
| | | | | | 기사문 | 시동 걸면 주행정보 쫙~ | |
| 3집 | 9 | 129a~144a | 問答登場省 | 問:問安, 問題, 反問 答:問答, 答信, 正答, 回答 登:登山, 登校, 登用 場:市場, 工場, 入場, 場面 省:反省, 自省, 省墓 | 인물 | 리스트 | 한자 카드 쓰기보따리 형성평가 |
| | | | | | 창작동화 | 냄새 맡은 값 1 | |
| | | | | | 고사성어 | 指鹿爲馬 | |
| | | | | | 기사문 | 침체의 잠에 취한 라인강의 기적 | |
| | 10 | 145a~160a | 春夏秋冬溫 | 春:春川, 靑春, 立春, 靑春 夏:立夏, 春夏, 夏至 秋:秋夕, 秋風, 春秋 冬:冬至, 立冬, 春夏秋冬 溫:氣溫, 溫室, 溫水 | 인물 | 김홍도 | |
| | | | | | 창작동화 | 냄새 맡은 값 2 | |
| | | | | | 고사성어 | 塞翁之馬 | |
| | | | | | 기사문 | 스키장 잘 넘어져야 안 다친다 | |
| | 11 | 161a~176a | 貴愛病死敬 | 貴:貴重, 高貴, 富貴, 貴人 愛:友愛, 愛國, 愛人, 愛犬 病:問病, 白血病, 病室, 病名 死:生死, 死亡者, 不死身, 病死 敬:恭敬, 敬老, 敬老席, 敬語 | 인물 | 안중근 | |
| | | | | | 창작동화 | 아버지의 유서 1 | |
| | | | | | 고사성어 | 難兄難弟 | |
| | | | | | 기사문 | 은행나무 천국 부석사 가는길 | |
| | 12 | 177a~192a | 복습 | 복습 | 인물 | 황희 | |
| | | | | | 창작동화 | 아버지의 유서 2 | |
| | | | | | 고사성어 | 四面楚歌 | |
| | | | | | 기사문 | 서울과 워싱턴 마음을 열 때다 | |
| 4집 | 13 | 193a~208a | 物件發電書 | 物:古物, 文物, 人物 件:物件, 事件, 用件 發:發生, 出發, 發明, 發見 電:電力, 電子, 電車, 電氣 書:文書, 古書, 書名 | 인물 | 벤자민 프랭클린 | 한자 카드 쓰기보따리 형성평가 |
| | | | | | 창작동화 | 선행과 쾌락 1 | |
| | | | | | 고사성어 | 三顧草廬 | |
| | | | | | 기사문 | 대한민국은 배달천국 | |
| | 14 | 209a~224a | 高低苦樂朝 | 高:高音, 高溫, 高貴, 高見 低:低溫, 低下, 低利, 低學年 苦:苦生, 苦心, 苦行 樂:音樂, 安樂, 樂山 朝:王朝, 朝夕, 朝會 | 인물 | 루소 | |
| | | | | | 창작동화 | 선행과 쾌락 2 | |
| | | | | | 고사성어 | 脣亡齒寒 | |
| | | | | | 기사문 | 중소기업 그곳에도 길이 있다 | |
| | 15 | 225a~240a | 眞理學習賞 | 眞:眞情, 眞空, 眞心 理:心理, 原理, 眞理, 一理 學:學年, 學生, 入學, 見學 習:學習, 風習, 自習 賞:賞品, 孝行賞, 大賞, 賞金 | 인물 | 전봉준 | |
| | | | | | 창작동화 | 아가씨와 우유 1 | |
| | | | | | 고사성어 | 守株待兎 | |
| | | | | | 기사문 | 들리지! 눈 쌓은 숲 생명의 소리 | |
| | 16 | 241a~256a | 복습 | 복습 | 인물 | 뢴트겐 | |
| | | | | | 창작동화 | 아가씨와 우유 2 | |
| | | | | | 고사성어 | 臥薪嘗膽 | |
| | | | | | 기사문 | 물건값 계산 … 약도 그리기 … | |

학부모 여러분,
〈기탄한자〉는 이렇게 지도해 주세요

### 1. 학습자의 능력보다 낮은 단계에서 시작하세요.

기탄한자 A~G단계는 기초 한자부터 초등학교 교과서에 쓰인 한자어를 학습하는 프로그램입니다. 한글을 아는 유아에서부터 한자 학습의 경험이 있는 초등학교 6학년 학생을 대상으로 개발되었습니다. 그러나 한자 학습의 경험이 있는 아이라도, 학습자의 경험이나 능력보다 낮은 단계에서 시작하는 것이 바람직합니다. 특히 각 단계의 1집부터 순차적으로 학습해 나가는 것은 매우 중요합니다. 간혹 학부모님의 판단에 따라 단계의 생략은 가능하지만 2, 3집부터 시작하는 것은 옳지 않은 진도 진행입니다. 아이가 학습에 부담을 느끼지 않고 한자 공부는 쉽고 재미있다는 느낌을 가질 수 있도록 A단계 1집에서부터 시작하는 것이 가장 이상적인 출발점입니다.

### 2. 복습호는 반드시 부모님이 함께 해 주세요.

각 집(권)마다 앞서 배운 한자의 복습호가 구성되어 있습니다. 복습호에서는 항상 형성평가를 실시하여 학습 수용도를 점검합니다. 이 때 부모님이 반드시 채점을 해 주시고, 결과에 따라 적절한 칭찬과 동기유발이 필요합니다. 또 복습주마다 구성된 놀잇감(A~D단계)으로 아이와 함께 놀아 주세요.

### 3. 교재 구입 즉시 분책하여 사용하세요.

〈기탄한자〉는 구입 즉시 분책하여 사용할 수 있도록 매주 학습할 분량이 별도의 책으로 특수제본(4in1시스템)되어 있습니다. 보통 책은 1번 제본하는 것으로 끝나지만 〈기탄한자〉는 무려 5번의 제본 과정을 거쳐 제작되었습니다. 각·호가 끝날 때마다 새 책으로 공부하게 되므로 아이에게 성취감과 기대감을 갖게 하고 학습 효과도 극대화시켜 줍니다.

### 4. 매일 일정한 시간에 규칙적으로 학습하게 하세요.

하루 5~10분을 학습하더라도 규칙적으로 학습하는 것이 중요합니다. 1호 분량이 1주일(5일) 학습 분량이므로 한번에 억지로 하지 않게 하고, 반대로 너무 많은 양을 한꺼번에 하는 것도 좋지 않습니다. 어렸을 때부터 조금씩 매일매일 공부하는 습관을 길러 주도록 합니다.

### 5. 부모님이 직접 지도해 주세요.

〈기탄한자〉는 교사 방문 학습지와는 달리 아이 스스로 공부하고 부모님이 체크하는 자율적인 학습 모델을 채택하고 있습니다. 따라서 타 학습지 회사에서는 지도교사에게만 제공하는 지도 지침을 해당 호에 상세히 실었습니다. 각 호의 첫 장에 실린 '이렇게 도와주세요', '이번 주 학습포인트'에서는 한 주 동안의 지도 요점이 기재되어 있고, 각 페이지의 하단에도 지도 요점, 주의 사항 등을 기재하였습니다. 학부모님들이 〈기탄한자〉의 기획의도, 학습목표, 지도방법 등을 쉽게 이해하고 아이들에게 가르치기 편하도록 최대한 배려하였습니다.

### 6. 이미 익힌 한자는 아이가 실생활 속에서 활용하게 하세요.

아이가 이미 익힌 한자는 실생활 속에서 최대한 많은 사용 기회를 갖게 해 줍니다. 알았던 한자도 오랫동안 사용하지 않으면 잊혀지게 됩니다. 학습된 한자를 신문, 책, 대중매체, 인쇄물 등을 활용하여 확인하게 하고 글을 쓸 때 알고 있는 한자로 표현해 볼 기회를 자주 갖도록 합니다.

# 단계별 학습 한자와 한자능력검정시험 급수 배정 안내

| 단계 | 학습 한자 | 급수 응시 가이드 |
|---|---|---|
| **A단계** | • 8급 : 山, 日, 月, 火, 水, 木, 金, 土, 一, 二, 三, 四, 五, 六, 七, 八, 九, 十, 人, 大, 小, 中<br>• 7급 : 川, 百, 千, 口, 手, 足, 力, 上, 下<br>• 6급·6급Ⅱ : 目, 石  • 5급 : 耳  • 4급Ⅱ : 田, 玉 | A단계에서는 상형자, 지사자 중심의 기초한자 36자를 익혔습니다. 이는 한자능력검정시험 배정한자 중 **8급, 7급 배정한자 31자**와 **상위급수 한자 5자**가 포함됩니다. 학습자의 학년, 나이, 학습수용도에 따라 8급, 7급 이내에서 응시용 수험서(기탄급수한자 빨리따기)로 준비한 후 자격증 취득에 도전해 보세요. |
| **B단계** | • 8급 : 父, 母, 生, 門, 王, 白, 女<br>• 7급 : 子, 心, 車, 自, 工, 主, 里, 草, 花, 男, 夕, 面<br>• 6급·6급Ⅱ : 身, 風  • 5급 : 牛, 士, 己, 魚, 雨, 馬<br>• 4급Ⅱ : 羊, 鳥, 竹, 齒  • 4급 : 犬, 册, 舌<br>• 3급Ⅱ : 刀  • 3급 : 貝 | B단계에서는 상형자, 지사자 중심의 기초한자 36자를 익혔습니다. 이는 A단계 학습 한자부터 누적하면 한자능력검정시험 배정한자 중 **8급, 7급 배정한자 50자**와 **상위급수 한자 22자**가 포함됩니다. 학습자의 학년, 나이, 학습수용도에 따라 8급, 7급 이내에서 응시용 수험서(기탄급수한자 빨리따기)로 준비한 후 자격증 취득에 도전해 보세요. |
| **C단계** | • 8급 : 兄, 弟, 外<br>• 7급 : 文, 少, 出, 入, 內, 來, 立, 天, 地, 江, 食, 方, 左, 右<br>• 6급·6급Ⅱ : 言, 才, 交, 多, 光, 明, 行, 角, 古, 今, 衣, 向, 本, 分, 合<br>• 5급 : 化, 友, 去, 河, 臣, 兵, 卒, 末<br>• 4급Ⅱ : 血, 肉, 步, 毛, 蟲  • 4급 : 君  • 3급Ⅱ : 坐, 皮 | C단계에서는 형성자, 회의자를 중심으로 48자의 기초한자를 익혔습니다. 이는 A단계 학습 한자부터 누적하면 한자능력검정시험 배정한자 중 **7급 배정한자 67자**, **6급·6급Ⅱ 배정한자 86자**와 **상위급수 한자 34자**를 익혔습니다. 학습자의 학년, 나이, 학습수용도에 따라 7급, 6급·6급Ⅱ 이내에서 응시용 수험서(기탄급수한자 빨리따기)로 준비한 후 자격증 취득에 도전해 보세요. |
| **D단계** | • 8급 : 靑, 長, 國, 東, 西, 南, 北<br>• 7급 : 色, 住, 所, 姓, 名, 有, 平, 老, 正, 直, 孝, 前, 後, 道, 全, 世, 家<br>• 6급·6급Ⅱ : 音, 利, 用, 公, 意, 弱, 短, 界, 聞, 童<br>• 5급 : 赤, 無, 思, 止, 法, 完, 善, 惡, 見, 兒<br>• 4급Ⅱ : 貧, 富, 忠, 走 | D단계에서는 형성자, 회의자를 중심으로 48자의 기초한자를 익혔습니다. 이는 A단계 학습 한자부터 누적하면 한자능력검정시험 배정한자 중 **7급 배정한자 91자**, **6급·6급Ⅱ 배정한자 120자**와 **상위급수 한자 48자**를 익혔습니다. 학습자의 학년, 나이, 학습수용도에 따라 7급, 6급·6급Ⅱ 이내에서 응시용 수험서(기탄급수한자 빨리따기)로 준비한 후 자격증 취득에 도전해 보세요. |
| **E단계** | • 8급 : 寸, 民, 先, 年, 軍  • 7급 : 市, 同, 不, 字, 命, 祖<br>• 6급·6급Ⅱ : 京, 各, 由, 失, 反, 共, 幸, 表, 形, 和, 別, 章<br>• 5급 : 品, 具, 曲, 可, 原, 因, 告, 首, 元, 必, 知, 加, 相, 再<br>• 4급Ⅱ : 求, 回, 非, 未, 味, 香, 星, 單  • 4급 : 巨, 居, 異 | E단계에서는 형성자, 회의자를 중심으로 48자의 필수한자를 익혔습니다. 이는 A단계 학습 한자부터 누적하면 한자능력검정시험 배정한자 중 **7급 배정한자 102자**, **6급·6급Ⅱ 배정한자 143자**와 **상위급수 한자 73자**를 익혔습니다. 학습자의 학년, 나이, 학습수용도에 따라 6급·6급Ⅱ, 5급 이내에서 응시용 수험서(기탄급수한자 빨리따기)로 준비한 후 자격증 취득에 도전해 보세요. |
| **F단계** | • 8급 : 室, 校  • 7급 : 休, 安, 海, 林, 村, 洞, 便, 記, 語<br>• 6급·6급Ⅱ : 信, 洋, 定, 注, 作, 使, 代, 感, 計, 始, 雪<br>• 5급 : 仙, 宅, 漁, 洗, 他, 位, 客, 材, 決, 流, 念, 情, 性, 雲<br>• 4급Ⅱ : 官, 容, 俗, 保, 守, 志, 想, 詩, 進, 造, 好<br>• 4급 : 仁 | F단계에서는 형성자, 회의자를 중심으로 48자의 필수한자를 익혔습니다. 이는 A단계 학습 한자부터 누적하면 한자능력검정시험 배정한자 중 **7급 배정한자 113자**, **6급·6급Ⅱ 배정한자 165자**와 **상위급수 한자 99자**를 익혔습니다. 학습자의 학년, 나이, 학습수용도에 따라 6급·6급Ⅱ, 5급 이내에서 응시용 수험서(기탄급수한자 빨리따기)로 준비한 후 자격증 취득에 도전해 보세요. |
| **G단계** | • 8급 : 學<br>• 7급 : 夫, 重, 活, 動, 時, 間, 空, 氣, 事, 問, 答, 登, 場, 春, 夏, 秋, 冬, 物, 電<br>• 6급·6급Ⅱ : 果, 美, 夜, 成, 功, 者, 集, 現, 在, 社, 會, 部, 省, 溫, 愛, 病, 死, 發, 書, 高, 苦, 樂, 朝, 理, 習<br>• 5급 : 實, 要, 景, 商, 技, 能, 貴, 敬, 件, 賞<br>• 4급Ⅱ : 婦, 得, 協, 低, 眞 | G단계에서는 형성자, 회의자를 중심으로 60자의 필수한자를 익혔습니다. 이는 A단계 학습 한자부터 누적하면 한자능력검정시험 배정한자 중 **7급 배정한자 133자**, **6급·6급Ⅱ 배정한자 210자**와 **상위급수 한자 114자**를 익혔습니다. 학습자의 학년, 나이, 학습수용도에 따라 6급·6급Ⅱ, 5급 이내에서 응시용 수험서(기탄급수한자 빨리따기)로 준비한 후 자격증 취득에 도전해 보세요. |

※ 이 표는 기탄한자 학습 후 한자능력검정시험 자격증 취득의 연계를 위한 지침입니다. 학습자의 학습경험이나 상태에 따라 개별적인 지침이 달라질 수 있습니다.

기탄한자 D단계 1집 1a~12a

### 4 in 1 시스템

**기탄한자는 학습효과를 극대화하기 위해 매주 학습할 분량이 별도의 책으로 특수제본되어 있습니다.**

본 교재는 1권의 책 속에 1주일 학습할 분량의 교재 4권이 들어 있는 4 in 1 시스템으로 제본되어 있습니다. 따라서 4권의 책으로 분리되는 것이 정상적인 제본이며, 호별로 빼내어 학습하시면 아주 효과적입니다.

그림으로 익히고 놀이로 기억하는 입체 한자 학습 프로그램

# 기탄 한자

**D1**집 1호
1a-12a

공부한 날    월  일 ~   월  일
(원)교         반
이름         전화

www.gitan.co.kr

기초 탄탄한 교육 · 기초 탄탄한 학습
기탄교육

## D단계에서 배울 한자입니다.

| D단계 | | | | | | | |
|---|---|---|---|---|---|---|---|
| 1집 | 靑, 赤, 音, 色 | 2집 | 公, 平, 意, 思 | 3집 | 前, 後, 走, 止 | 4집 | 世, 界, 國, 家 |
| | 住, 所, 姓, 名 | | 老, 弱, 貧, 富 | | 法, 道, 完, 全 | | 東, 西, 見, 聞 |
| | 利, 用, 有, 無 | | 正, 直, 忠, 孝 | | 善, 惡, 長, 短 | | 南, 北, 兒, 童 |
| | 복습 | | 복습 | | 복습 | | 복습 |

※ 매주마다 학습한 한자를 누적하여 읽어 보세요.

## 학습진단관리표

| | 훈음 읽기 | 훈음 쓰기 | 한자 쓰기 | 한자어 읽기 | 이번 주는? |
|---|---|---|---|---|---|
| 금주평가 | Ⓐ아주 잘함 | Ⓐ아주 잘함 | Ⓐ아주 잘함 | Ⓐ아주 잘함 | • 학습방법 ❶ 매일매일 ❷ 가끔 ❸ 한꺼번에 하였습니다. |
| | Ⓑ잘함 | Ⓑ잘함 | Ⓑ잘함 | Ⓑ잘함 | • 학습태도 ❶ 스스로 잘 ❷ 시켜서 억지로 하였습니다. |
| | Ⓒ보통 | Ⓒ보통 | Ⓒ보통 | Ⓒ보통 | • 학습흥미 ❶ 재미있게 ❷ 싫증내며 하였습니다. |
| | Ⓓ노력해야 함 | Ⓓ노력해야 함 | Ⓓ노력해야 함 | Ⓓ노력해야 함 | • 교재내용 ❶ 적합하다고 ❷ 어렵다고 ❸ 쉽다고 하였습니다. |

| 지도 교사가 부모님께 | 부모님이 지도 교사께 |
|---|---|
| | |

| 종합평가 | Ⓐ아주 잘함 | Ⓑ잘함 | Ⓒ보통 | Ⓓ노력해야 함 |
|---|---|---|---|---|

이번 주에는 靑 (푸를 청), 赤 (붉을 적), 音 (소리 음), 色 (색/빛 색)을 배워요.

**1일차** 1a~2b
- C단계에서 학습한 本, 末, 分, 合의 3요소를 복습합니다.
- D단계에서 시작한 경우 本, 末, 分, 合의 3유수 학습을 도와 줍니다.
- 동화를 통해 이번 주에 배울 한자를 소개합니다.

**2일차** 3a~4b
- 靑, 赤의 뜻, 소리, 자원, 필순, 한자어를 익힙니다.
- 파란색과 빨간색의 사물을 들어 한자의 의미를 이해하게 합니다. (예 : 색종이)

**3일차** 5a~6b
- 音, 色의 뜻, 소리, 자원, 필순, 한자어를 익힙니다.
- 色의 필순에 유의하여 뜻과 소리를 익힙니다.

**4일차** 7a~9b
- 이번 주에 학습한 靑, 赤, 音, 色의 뜻, 소리, 모양을 연습합니다.
- 한자 쓰기는 경우에 따라서 보고 써도 무방합니다.
- 동화 '신호등 3형제'를 읽고 알고 있는 한자를 적용해 봅니다.

**5일차** 10a~12a
- 풀어보기를 통해 이번 주에 학습한 한자의 뜻, 소리, 모양을 확인합니다.
- 한자 카드는 고리에 끼워서 모아 두고 매일 잠깐씩 보여 줍니다.

# 다시 보기

한자를 따라 쓰고 빈 칸에 뜻과 소리를 쓰세요.

末
뜻 : 끝   소리 : 말

本
뜻 :        소리 :

分
뜻 :        소리 :

合
뜻 :        소리 :

• 앞서 배운 한자를 따라 쓰고 뜻과 소리를 기억합니다.

D1-1a 기탄한자

빈 칸에 알맞은 한자를 쓰세요.

• 나무의 뿌리, 끝, 나누다, 합하다의 개념을 먼저 찾고 빈 칸에 한자를 쓰도록 합니다.

동화를 읽고 같은 모양의 한자를 찾아 스티커를 붙이세요.

# 숲 속 음악회

숲 속 동물 나라에 음(音)악회가 열렸어요.
동물들이 가지각색(色)의 옷을 차려 입었어요.
심사를 맡은 염소 할아버지가 말했어요.
"동물 가족 여러분! 오늘은 누가 더 아름다운 옷을 입고
맑은 소리를 내는지 보겠습니다.
자기의 숨은 실력을 맘껏 뽐내 보세요. 메에에~"
드디어 음악회가
시작되었어요.

- 동화를 읽고 이번 주에 배울 靑, 赤, 音, 色의 개념을 알아봅니다.

가장 먼저 청(靑)개구리 가족이 합창을 합니다.
"우리 노래가 제일이야. 개굴개굴."
앵무새가 붉은(赤) 옷을 뽐내며 노래합니다.
"내 목소리는 아무도 흉내낼 수 없지. 삐리릭."
부엉이도 졸린 눈을 껌벅이며 노래 부릅니다.
숲 속 음악회는 밤이 새도록
끝날 줄을 모릅니다.

● 같은 모양의 한자 스티커를 바르게 붙이고 뜻, 소리도 읽어 봅니다.

## 靑 알아보기

🔊 빈 곳에 알맞은 스티커를 붙이고 한자의 뜻과 소리를 읽어 보세요.

뜻 : 푸를    소리 : 청

📝 靑이 만들어진 유래를 알아보고 한자 스티커를 붙이세요.

풀과 우물이 같이 있는 모습을 본떠서 **푸르다**를 뜻하게 되었습니다.

✏️ 순서대로 써 보세요.

- 그림을 보고 뜻을 먼저 이야기해 본 다음 한자의 뜻과 소리로 적용하게 합니다.

D1-3a  기탄한자

📝 靑의 뜻, 소리, 모양을 쓰세요.

- 靑은 _푸를(푸르다)_ 을(를) 뜻하고, _청_ 이라고 읽습니다.
- 푸를 청은 _靑_ 이라고 씁니다.
- _靑_ 은 _푸를(푸르다)_ 을(를) 뜻하고, _청_ 이라고 읽습니다.

📝 빈 칸에 靑을 쓰고, 靑이 쓰인 한자어를 익혀 보세요.

靑 산 : 초목이 우거진 푸른 산

靑 년 : 젊은 사람

📝 필순에 맞게 靑을 써 보세요.

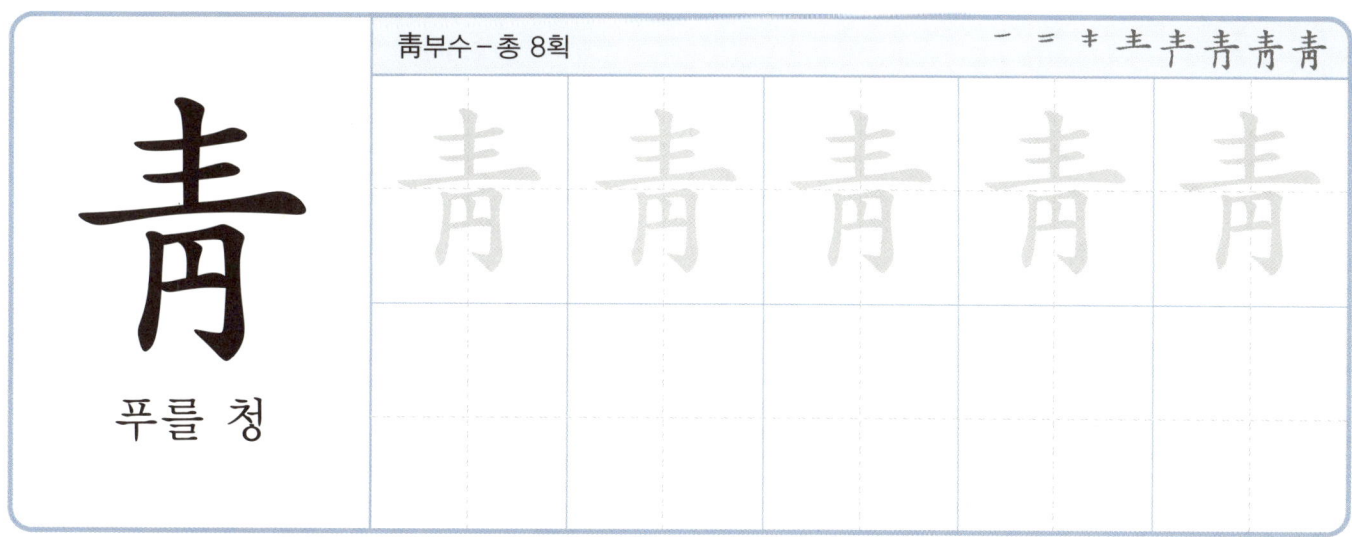

靑부수 – 총 8획

一 二 ㄠ 圭 丰 青 青 青

靑 푸를 청

• '푸를 청'은 靑과 青 두 가지 모양이 모두 통용됩니다.

## 赤 알아보기

🔊 빈 곳에 알맞은 스티커를 붙이고 한자의 뜻과 소리를 읽어 보세요.

뜻 : **붉을**   소리 : **적**

📄 赤이 만들어진 유래를 알아보고 한자 스티커를 붙이세요.

大(큰 대)와 火(불 화)를 합하여 만들어진 한자로 불이 붉기 때문에 **붉다**를 뜻합니다.

✏️ 순서대로 써 보세요.

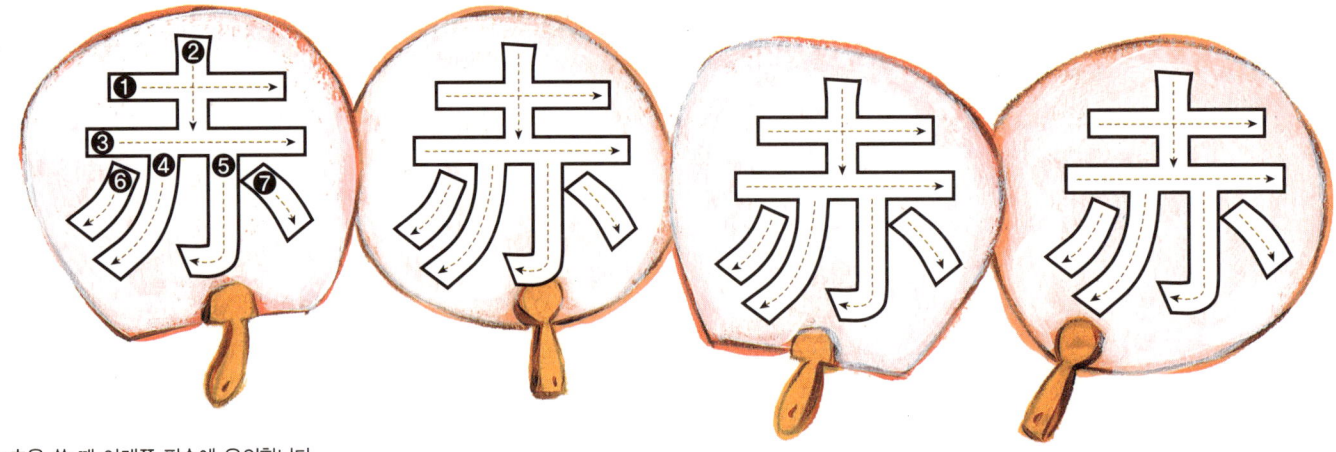

● 赤을 쓸 때 아래쪽 필순에 유의합니다.

✏️ 赤의 뜻, 소리, 모양을 쓰세요.

- 赤은 _____ 을(를) 뜻하고, _____ 이라고 읽습니다.

- 붉을 적은 _____ 이라고 씁니다.

- _____ 은 _____ 을(를) 뜻하고, _____ 이라고 읽습니다.

✏️ 빈 칸에 赤을 쓰고, 赤이 쓰인 한자어를 익혀 보세요.

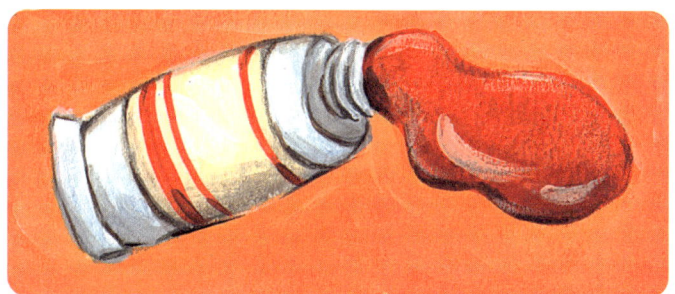

☐ 색 : 붉은 색, 붉은빛

☐ 십자 : 붉은 색 십자가

✏️ 필순에 맞게 赤을 써 보세요.

赤부수 - 총 7획   一 十 土 ナ 方 亦 赤

赤
붉을 적

• 赤은 亦(또 역)과 모양이 비슷함에 유의합니다.

## 音 알아보기

🔊 빈 곳에 알맞은 스티커를 붙이고 한자의 뜻과 소리를 읽어 보세요.

뜻: 소리   소리: 음

📒 音이 만들어진 유래를 알아보고 한자 스티커를 붙이세요.

말(言)에 마디가 있는 것에서 소리를 뜻합니다.

✏️ 순서대로 써 보세요.

● 학습 성취도가 높은 아이들은 立(설 립)과 日(날 일)로 나누어 뜻·소리를 말해 보게 합니다.

📝 音의 뜻, 소리, 모양을 쓰세요.

- 音은 _____ 를 뜻하고, _____ 이라고 읽습니다.

- 소리 음은 _____ 이라고 씁니다.

- _____ 은 _____ 를 뜻하고, _____ 이라고 읽습니다.

📝 빈 칸에 音을 쓰고, 音이 쓰인 한자어를 익혀 보세요.

☐ 악 : 사람의 생각이나 감정을 소리를 이용하여 나타내는 예술

☐ 색 : 그 음이 지닌 특유한 성질이나 울림

📝 필순에 맞게 音을 써 보세요.

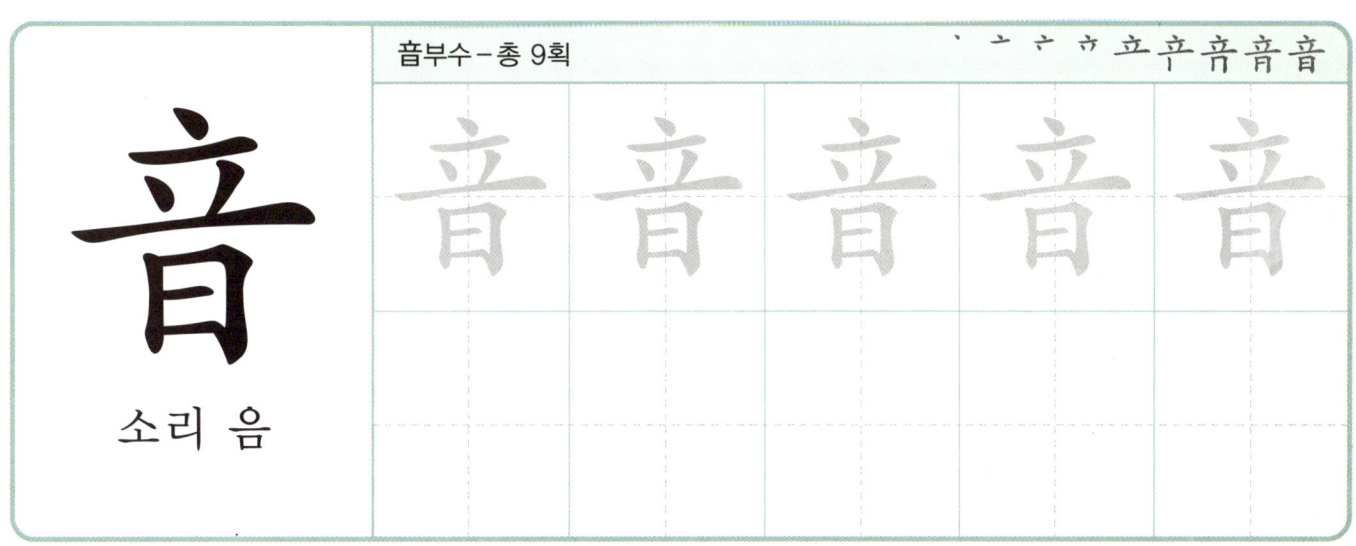

音부수 - 총 9획

丶 亠 ㅗ 늉 立 产 音 音 音

音
소리 음

## 色 알아보기

🔊 빈 곳에 알맞은 스티커를 붙이고 한자의 뜻과 소리를 읽어 보세요.

뜻 : 색/빛   소리 : 색

📝 色이 만들어진 유래를 알아보고 한자 스티커를 붙이세요.

사람이 무릎을 꿇고 앉아서 편안한지를 그 사람의 얼굴 빛을 보고 안 것에서 색, 빛을 뜻합니다.

✏️ 순서대로 써 보세요.

• 色의 필순에 유의하여 익힙니다.

- 色의 뜻, 소리, 모양을 쓰세요.

  • 色은 _____을 뜻하고, _____이라고 읽습니다.

  • 색/빛 색은 _____이라고 씁니다.

  • _____ 은 _____을 뜻하고, _____이라고 읽습니다.

- 빈 칸에 色을 쓰고, 色이 쓰인 한자어를 익혀 보세요.

백 ☐ : 하얀 색

☐ 지 : 색깔을 들인 종이. 색종이

- 필순에 맞게 色을 써 보세요.

色부수 - 총 6획     ノ ク 夕 冬 刍 色

色
색/빛 색

色 色 色 色 色

## 다지기

🖊 알맞은 뜻과 소리를 찾아 ◯ 하세요.

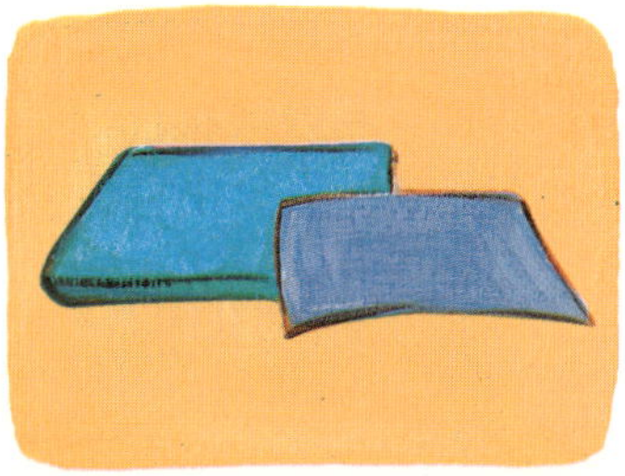

| | 青 | 붉을 / (푸를) / 소리 | 음 / 적 / (청) |
|---|---|---|---|
| | 赤 | 색/빛 / 붉을 / 푸를 | 청 / 색 / 적 |
| | 音 | 소리 / 색/빛 / 붉을 | 적 / 색 / 음 |
| | 色 | 푸를 / 소리 / 색/빛 | 청 / 색 / 음 |

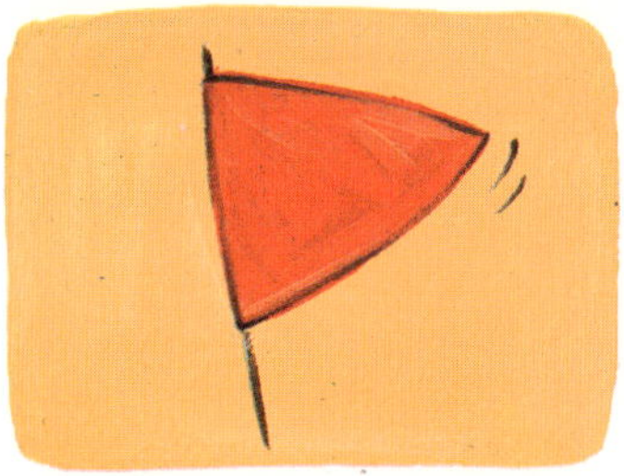

● 한자의 3요소를 각각 분리하여 찾을 수 있도록 합니다. 한자 카드를 보고 찾거나 교재의 앞쪽을 보고 찾아도 무방합니다.

🖍 빈 곳에 스티커를 붙여 그림을 완성하고 알맞게 연결하세요.

• 이번 주에 익힌 한자를 여러 개의 뜻과 소리 중에서 바르게 연결해 보도록 합니다.

자원을 보고 빈 칸에 알맞게 쓰세요.

한자를 필순에 맞게 쓰세요.

✏️ 〈보기〉에서 알맞은 한자어를 찾아 쓰세요.

靑龍 : 푸른빛을 띤 용

_____ : 높은 소리

_____ : 붉은빛의 기

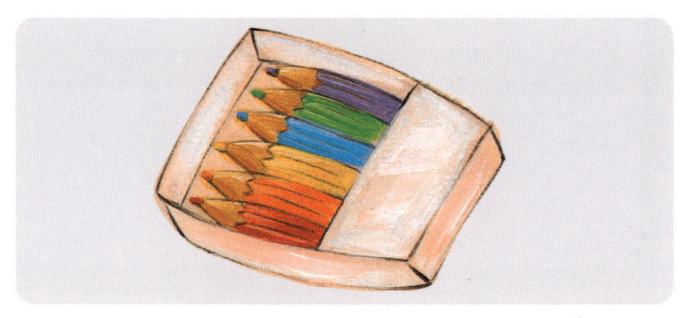

_____ : 물감을 심에 섞어 빛깔이 나게 만든 연필

赤道 : 지구의 중심을 지나는 지축에 직각인 평면과 지표가 교차되는 선

_____ : 푸른빛을 띤 구름. '높은 명예나 벼슬'을 비유하여 이르는 말

〈보기〉   靑龍   靑雲   赤기   赤道   色연필   고음

동화를 읽고 〈보기〉에서 알맞은 한자를 찾아 쓰세요.

# 신호등 3형제

빨강 ☺ □, 노랑, 초록 신호등 3형제가 모였어요.

첫째 빨강등이 어두운 얼굴로 말했어요.

"사람들은 왜 나를 싫어할까? 내가 다가가려 해도 나만 보면 팔짱을 끼고 서 있든가 먼 곳을 바라보잖아."

둘째 노랑등이 눈 □ 을 껌벅이며 말했어요.

"그래도 형 □ 은 나보다는 낫지. 사람들이 얼마나 나를 무시하는데. 저기 봐! 내가 켜졌는데도 차들이 쌩쌩 소리를 내며 지나가잖아."

막내 초록등이 힘없이 고개를 떨구며 말했어요.

"휴, 나는 사람들한테 인정받지도 못하는걸. 초록빛 아름다운 내 색깔 □ 을 보고도 '푸른 □ 불, 푸른불' 하잖아."

이 때 옆에 있던 가로수가 손을 내저으며 말했어요.

"아니, 아니야! 너희가 없는 세상을 상상해 보렴. 사람들과 차 □ 들은 이 큰 길로 나오려고 하지도 않을 거야. 그리고 너희들이 없으면 우린 너무 외롭고 쓸쓸하단다."

신호등 형제들은 어느새 기분이 좋아져 더 선명한 불빛을 환하게 내뿜었답니다.

〈보기〉 赤 目 色 靑 兄 車

• 전래 동화나 재미있는 이야기를 통하여 지금까지 학습한 한자를 문장 속에 적용하여 봅니다.

● 한자의 뜻과 소리를 쓰세요.

音 뜻: _____ 소리: _____   赤 뜻: _____ 소리: _____

青 뜻: _____ 소리: _____   色 뜻: _____ 소리: _____

● 바르게 연결하세요.

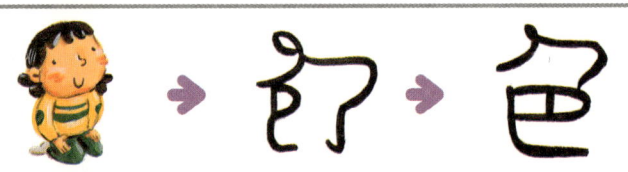

青

色

音

赤

● 빈 칸에 알맞은 한자를 쓰세요.

　　*베토벤은 위대한 [　]음 악 [　]가 입니다.

　　*예쁜 [　]색 지 를 골라 보세요.

　　*10년만에 만난 철호는 훌륭한 [　]청 년 으로 성장하였습니다.

　　*엄마는 [　]적 십 [　]자 회원으로 활동하신다.

● 뜻·소리에 알맞은 한자를 쓰세요.

| | | | | |
|---|---|---|---|---|
| 푸를 청 | | | | |
| 붉을 적 | | | | |
| 소리 음 | | | | |
| 색/빛 색 | | | | |

# 갑골문자의 발견

한자가 처음 쓰여진 것은 종이나 비석 등에 쓰여진 것이 아니라
거북이나 동물의 뼈에 쓰여진 것이었습니다.
이러한 글자를 갑골문자(甲:거북이 등딱지 갑, 骨:뼈 골, 文:글월 문, 字:글자 자)라고 합니다.
이 갑골문자가 발견된 당시의 재미있는 이야기가 전해집니다.

중국 청나라시대였습니다(1899년). 청나라의 국립 대학교의 총장이었던 왕의영이
말라리아에 걸려 오랫동안 병을 앓게 되었습니다. 그는 당시 한의학에서 특효약이었던
용골(龍 : 용 룡, 骨 : 뼈 골)로 치료했습니다.
그런데 용은 상상의 동물이었으므로 사실 용골이란 없는 것이었겠지만,
용골로 불리우는 뼈를 북경 시내의 달인당이란 한약방에서 구했습니다.
하루는 그가 사온 용골을 바라보는데
그 뼈에 깨알같이 작은 글씨들이 새겨져 있는 것을 발견했습니다.
그래서 왕의영은 다시 한약방에 가서 많은 용골을 사 모았고, 고대 문자(옛날 문자)를 연구하는
유악이란 학자와 같이 검토하였습니다.
그러나 범유경이라는 골동품 수집 상인이 문자가 쓰여진 갑골을 가지고
왕의영의 집에 찾아 갔을 것이라는 설도 전해지고 있습니다.
여하튼 갑골문자가 연구되고 세상에 알려진 데는
왕의영과 유악이란 학자의 공이 컸다고 전해집니다.

# 해답

**D1집** 1a-12a

1a

1b

3a

3b

4a

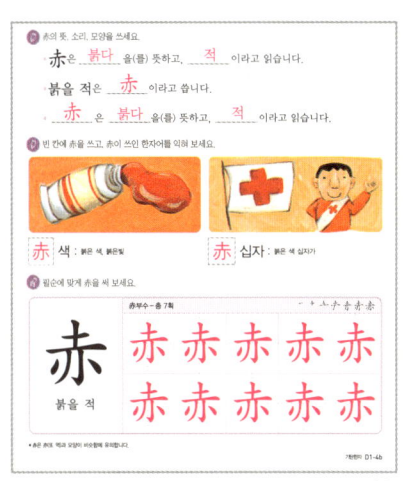

4b

5a

5b

6a

기탄한자 D1-11b

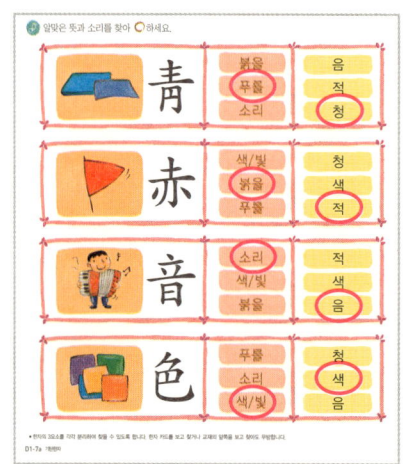

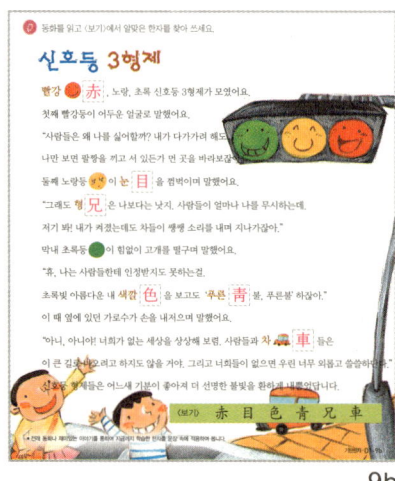

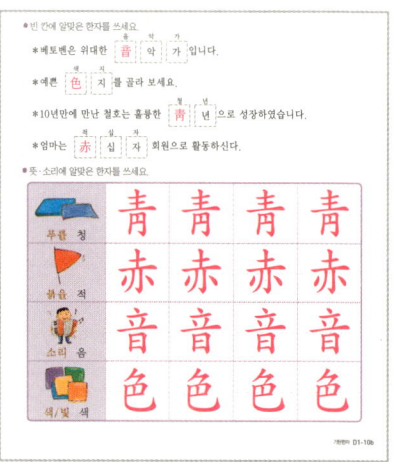

 青

 赤

 音

 色

| | |
|---|---|
| 赤<br>붉을 적 | 青<br>푸를 청 |
| 色<br>색/빛 색 | 音<br>소리 음 |

# 青山

# 赤十字

# 音樂

# 色紙

## 적십자
붉은색 십자가

赤 : 붉을 적  十 : 열 십
字 : 글자 자

## 청산
초목이 우거진 푸른 산

靑 : 푸를 청  山 : 산(뫼) 산

## 색지
색종이

色 : 색/빛 색  紙 : 종이 지

## 음악
사람의 생각이나 감정을
소리를 이용하여 나타내는 예술

音 : 소리 음  樂 : 풍류 악

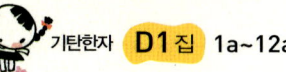

| 2a | 2b | | |
|---|---|---|---|
| 色<br>색/빛 색 | 赤<br>붉을 적 | 音<br>소리 음 | 青<br>푸를 청 |

3a 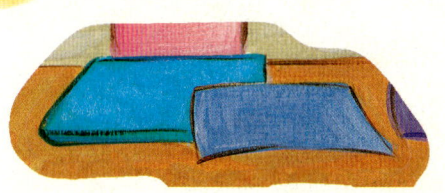  青

4a   赤

5a   音

6a   色

7b

 푸를 청

 색/빛 색

**펴낸이** : 정지향
**펴낸곳** : (주)기탄교육
**기획·편집·디자인** : 기탄교육연구소
**주소** : 06698 서울특별시 서초구 효령로 40 기탄출판센터
**등록** : 제2000-000098호
**전화** : (02)586-1007
**팩스** : (02)586-2337

※서점에 갈 시간이 없거나 구하기 어려운 분은 인터넷 또는 전화로 신청하세요. 즉시 우송해 드립니다.
● www.gitan.co.kr

ⓒ (주)기탄교육 All rights reserved.
저작권자의 동의 없이 본 교재를 무단으로 복제하거나 전재하는 것을 금합니다.

# 받아쓰기

• 엄마가 뜻·소리를 부르고 아이가 한자를 써 보도록 합니다.

1호에서 배운 한자를 다시 한번 써 보세요.

| 靑 | 靑 | 靑 | 靑 | 靑 | 靑 |
|---|---|---|---|---|---|
| 푸를 청 | | | | | |

| 赤 | 赤 | 赤 | 赤 | 赤 | 赤 |
|---|---|---|---|---|---|
| 붉을 적 | | | | | |

| 音 | 音 | 音 | 音 | 音 | 音 |
|---|---|---|---|---|---|
| 소리 음 | | | | | |

| 色 | 色 | 色 | 色 | 色 | 色 |
|---|---|---|---|---|---|
| 색/빛 색 | | | | | |

# D1집
13a-24a

2호

기탄한자 D단계 1집 13a~24a

그림으로 익히고 놀이로 기억하는 입체 한자 학습 프로그램

# 기탄®한자

D1집
2호
13a-24a

공부한 날   월   일 ~   월   일
           (원)교           반
이름            전화

www.gitan.co.kr

기초 탄탄한 교육 · 기초 탄탄한 학습
기탄교육

 ## D단계에서 배울 한자입니다.

| | D단계 | | | | | | |
|---|---|---|---|---|---|---|---|
| 1집 | 靑, 赤, 音, 色 | 2집 | 公, 平, 意, 思 | 3집 | 前, 後, 走, 止 | 4집 | 世, 界, 國, 家 |
| | 住, 所, 姓, 名 | | 老, 弱, 貧, 富 | | 法, 道, 完, 全 | | 東, 西, 見, 聞 |
| | 利, 用, 有, 無 | | 正, 直, 忠, 孝 | | 善, 惡, 長, 短 | | 南, 北, 兒, 童 |
| | 복습 | | 복습 | | 복습 | | 복습 |

※ 매주마다 학습한 한자를 누적하여 읽어 보세요.

## 학습진단 관리표

| | 훈음 읽기 | 훈음 쓰기 | 한자 쓰기 | 한자어 읽기 | 이번 주는? |
|---|---|---|---|---|---|
| 금주평가 | Ⓐ아주 잘함 | Ⓐ아주 잘함 | Ⓐ아주 잘함 | Ⓐ아주 잘함 | ● 학습방법  ❶ 매일매일  ❷ 가끔  ❸ 한꺼번에 하였습니다. |
| | Ⓑ잘함 | Ⓑ잘함 | Ⓑ잘함 | Ⓑ잘함 | ● 학습태도  ❶ 스스로 잘  ❷ 시켜서 억지로 하였습니다. |
| | Ⓒ보통 | Ⓒ보통 | Ⓒ보통 | Ⓒ보통 | ● 학습흥미  ❶ 재미있게  ❷ 싫증내며 하였습니다. |
| | Ⓓ노력해야 함 | Ⓓ노력해야 함 | Ⓓ노력해야 함 | Ⓓ노력해야 함 | ● 교재내용  ❶ 적합하다고  ❷ 어렵다고  ❸ 쉽다고 하였습니다. |

지도 교사가 부모님께                                      부모님이 지도 교사께

| 종합평가 | Ⓐ아주 잘함 | Ⓑ잘함 | Ⓒ보통 | Ⓓ노력해야 함 |
|---|---|---|---|---|

이번 주에는 住 (살 주), 所 (곳/바 소), 姓 (성씨 성), 名 (이름 명)을 배워요.

이렇게 도와 주세요

| 1 일차 13a~14b | • 지난 호에서 학습한 靑, 赤, 音, 色을 복습합니다.<br>• 동화를 읽고 住, 所, 姓, 名의 뜻을 이야기해 봅니다.<br>• 한자 카드나 받아쓰기로 앞서 배운 한자를 복습합니다. |
|---|---|
| 2 일차 15a~16b | • 住, 所의 뜻, 소리, 자원, 필순, 한자어를 학습합니다.<br>• 한자를 단순히 암기하지 말고 자원의 해석을 읽어 보고 생각하면 쉽게 이해할 수 있습니다. |
| 3 일차 17a~18b | • 姓, 名의 뜻, 소리, 자원, 필순, 한자어를 학습합니다.<br>• 낱개 한자의 뜻을 알고 한자어를 만들어서 익히면 어휘력을 높일 수 있습니다. |
| 4 일차 19a~21b | • 이번 주에 학습한 한자의 뜻, 소리, 모양을 복습합니다.<br>• 19b에서 스티커를 붙여 그림을 완성하고 한자와 뜻, 소리를 연결합니다. |
| 5 일차 22a~24a | • 풀어보기를 통해서 아이의 학습 성취도를 알아봅니다.<br>• 한자 보따리를 아이와 같이 읽어 보고 서체의 이해를 도와 줍니다.<br>• 한자 카드는 고리에 끼워서 모아 두고 매일 잠깐씩 보여 줍니다. |

# 다시 보기

한자를 따라 쓰고 빈 칸에 뜻과 소리를 쓰세요.

靑
뜻:   소리:

赤
뜻:   소리:

音
뜻:   소리:

色
뜻:   소리:

• 지난 호에서 학습한 靑, 赤, 音, 色의 필순을 떠올려 쓰도록 합니다.

🖍 빈 칸에 알맞은 한자를 쓰세요.

- 푸르다, 붉다, 소리, 색에 해당하는 그림을 먼저 찾도록 합니다.

### 들어가기

동화를 읽고 같은 모양의 한자를 찾아 스티커를 붙이세요.

## 신발의 여행

둥웅둥둥

신발 한 짝이 시냇물을 타고 떠내려 왔어요.

시냇물에서 가재를 잡던 아이들이 신발을 발견했어요.

"얘, 너는 어느 곳(所)에서 왔니?"

"그건 잘 몰라. 내 주인이 개구쟁이였다는 것 말고는……."

자신이 살던(住) 곳을 모르는 신발은 난처해서 고개를 들 수가 없었어요.

아이들은 신발을 이곳저곳 들여다보았어요.

신발은 부끄러워서 얼굴이 빨개졌어요.

• 동화를 읽고 같은 모양의 한자를 찾아 알맞은 자리에 스티커를 붙입니다.

그 때 한 아이가 소리쳤어요.

"앗, 여기 '상민이 거'라고 쓰여 있다."

"상민이? 성(姓)이 상이고 이름(名)이 민이라고?"

키가 작은 아이가 말했어요.

"에이, 아니지! 이름이 '상민'이라는 거지."

이 때 누군가가 소리쳤어요.

"상민이라면 저 윗마을 골목대장이잖아?"

아이들은 "맞다, 맞다." 하며 손뼉을 쳤어요.

아이들은 신발로 뱃놀이를 하면서 윗마을로 올라갔어요.

• 한자 스티커만 붙이지 말고 뜻·소리도 읽어 봅니다.

## 住 알아보기

🔊 빈 곳에 알맞은 스티커를 붙이고 한자의 뜻과 소리를 읽어 보세요.

뜻 : 살   소리 : 주

📄 住가 만들어진 유래를 알아보고 한자 스티커를 붙이세요.

人(사람 인)과 主(주인 주)를 합하여 일정한 곳에 사람이 주인으로 사는 것에서 살다, 머무르다를 나타내었습니다.

✏️ 순서대로 써 보세요.

• 住의 필순은 ノ 亻 亻 亻 仁 佇 住 住 의 순으로 쓰는 것도 가능합니다.

D1-15a 기탄한자

✏️ 住의 뜻, 소리, 모양을 쓰세요.

- 住는 _____ 을(를) 뜻하고, _____ 라고 읽습니다.

- 살 주는 _____ 라고 씁니다.

- _____ 는 _____ 을(를) 뜻하고, _____ 라고 읽습니다.

✏️ 빈 칸에 住를 쓰고, 住가 쓰인 한자어를 익혀 보세요.

의식 ☐ · 인간 생활의 기본 요소인 옷, 음식, 집을 아울러 이르는 말

☐ 택 : 사람이 살 수 있도록 지은 집

✏️ 필순에 맞게 住를 써 보세요.

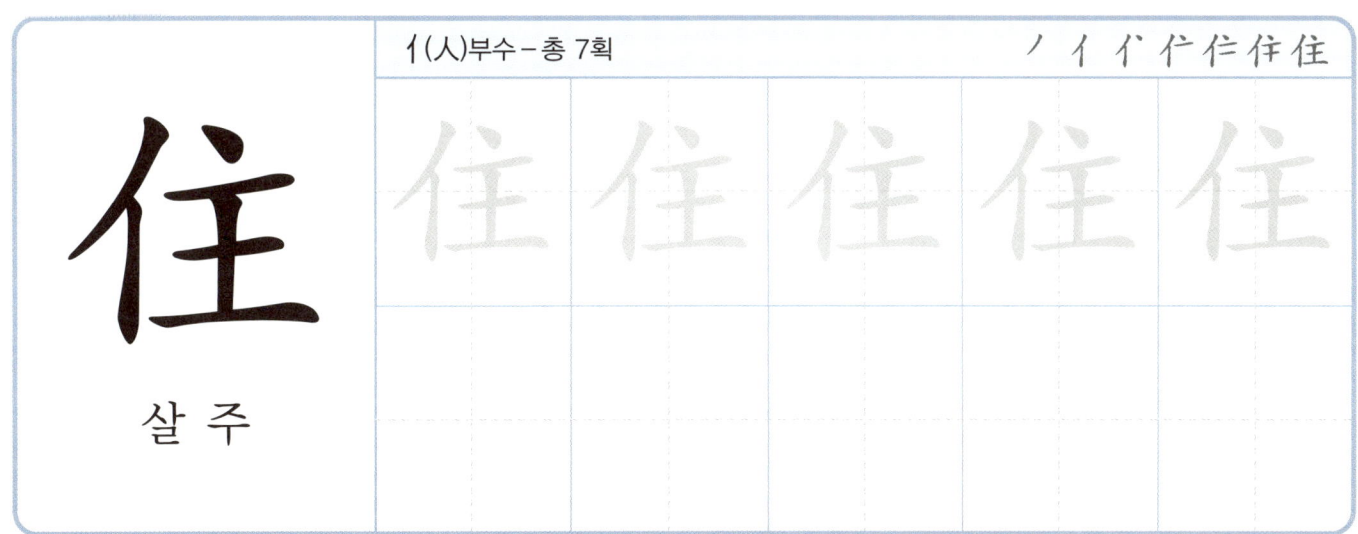

住
살 주

亻(人)부수 – 총 7획

ノ 亻 亻 亻 亻 住 住

- 住는 往(갈 왕)과 모양이 비슷함에 유의합니다. 人은 부수로 쓰이면 亻으로 모양이 바뀝니다.

🔊 빈 곳에 알맞은 스티커를 붙이고 한자의 뜻과 소리를 읽어 보세요.

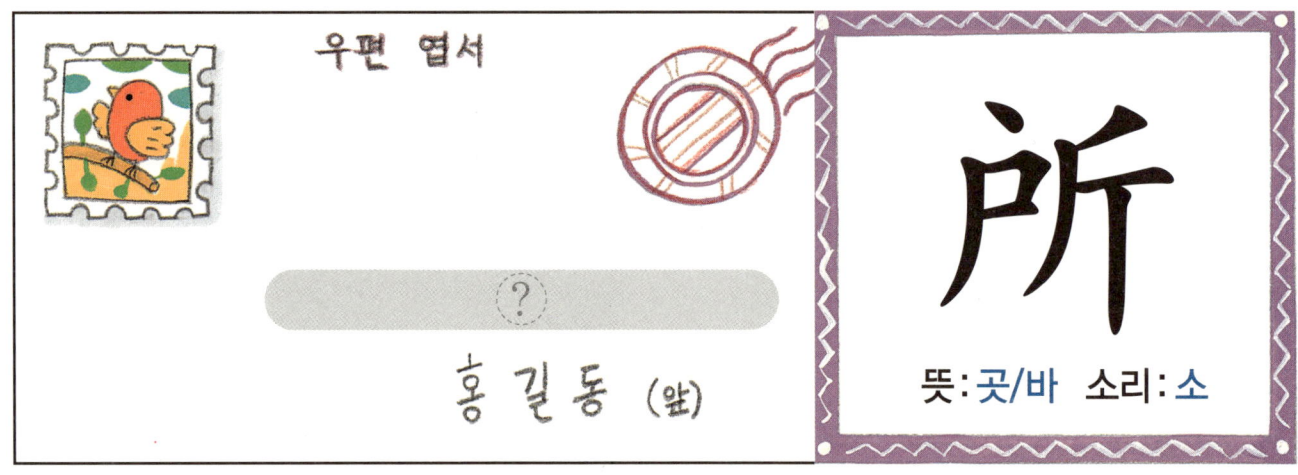

📝 所가 만들어진 유래를 알아보고 한자 스티커를 붙이세요.

戶(집 호)가 소리를 斤(도끼 근)이 뜻을 나타내어 만들어진 한자로 나무를 벤다는 의미였으나, 변하여 장소, 곳, ~하는 바를 뜻하게 되었습니다.

✏️ 순서대로 써 보세요.

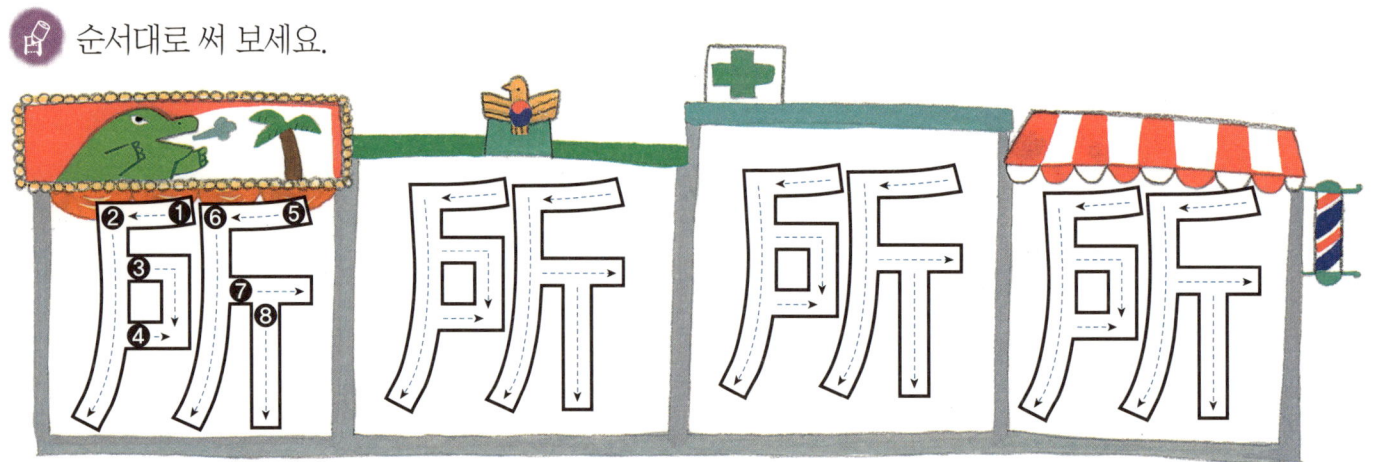

• 그림을 보고 뜻을 먼저 이야기해 본 다음 한자의 뜻과 소리로 적용하게 합니다.

📝 所의 뜻, 소리, 모양을 쓰세요.

- 所는 _____ 을(를) 뜻하고, _____ 라고 읽습니다.

- 곳/바 소는 _____ 라고 씁니다.

- _____ 는 _____ 을(를) 뜻하고, _____ 라고 읽습니다.

📝 빈 칸에 所를 쓰고, 所가 쓰인 한자어를 익혀 보세요.

☐ 감 : 느낀 바

장 ☐ : 무엇이 있거나 무슨 일이 벌어지거나 하는 곳

📝 필순에 맞게 所를 써 보세요.

戶부수 – 총 8획

`丶 亠 亍 彳 戶 所 所`

所
곳/바 소

● 所는 `丶 亠 亍 彳 戶 所 所` 의 순서로 쓰기도 합니다.

## 姓 알아보기

🔊 빈 곳에 알맞은 스티커를 붙이고 한자의 뜻과 소리를 읽어 보세요.

뜻: 성씨  소리: 성

📖 姓이 만들어진 유래를 알아보고 한자 스티커를 붙이세요.

여자(女)가 아이를 낳는다(生)는 뜻이 합쳐져서 같은 혈족 즉, 성씨를 뜻합니다.

✏️ 순서대로 써 보세요.

● 姓은 형성자로 女(여자 녀)가 뜻을, 生(날 생)이 소리(생 → 성)를 나타냅니다.

- 姓의 뜻, 소리, 모양을 쓰세요.

    • 姓은 _____를 뜻하고, _____이라고 읽습니다.

    • 성씨 성은 _____이라고 씁니다.

    • _____은 _____를 뜻하고, _____이라고 읽습니다.

- 빈 칸에 姓을 쓰고, 姓이 쓰인 한자어를 익혀 보세요.

☐ 명 : 성과 이름

백 ☐ : 일반 국민들

- 필순에 맞게 姓을 써 보세요.

女부수 – 총 8획

姓
성씨 성

• 姓의 필순은 ㄑ ㄑ ㄑ ㄑ 女 女 姓 姓 으로 써도 무방합니다.

## 名 알아보기

🔊 빈 곳에 알맞은 스티커를 붙이고 한자의 뜻과 소리를 읽어 보세요.

뜻: 이름  소리: 명

📝 名이 만들어진 유래를 알아보고 한자 스티커를 붙이세요.

夕(저녁 석)과 口(입 구)를 합한 자로 저녁에 사람이 잘 보이지 않아 그 이름을 불러서 알게 되니 이름을 뜻하게 되었습니다.

✏️ 순서대로 써 보세요.

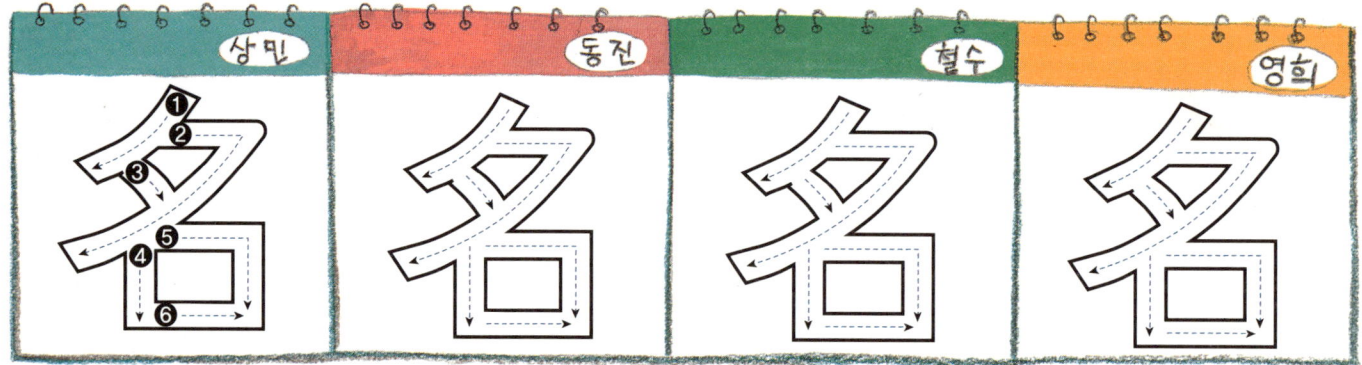

• 名은 夕(저녁 석)과 口(입 구)로 나누어서 뜻, 소리를 알아보고 名을 공부합니다.

✏️ 名의 뜻, 소리, 모양을 쓰세요.

- **名**은 _____을 뜻하고, _____이라고 읽습니다.

- **이름 명**은 _____이라고 씁니다.

- _____은 _____을 뜻하고, _____이라고 읽습니다.

✏️ 빈 칸에 名을 쓰고, 名이 쓰인 한자어를 익혀 보세요.

[　] 작 : 이름난 작품

지 [　] : 땅의 이름. 지방·지역 등의 이름

✏️ 필순에 맞게 名을 써 보세요.

口부수 - 총 6획       ノクタタ名名

**名**
이름 명

- 姓과 名은 상대적 뜻을 지닌 한자입니다.

## 다지기

🔖 알맞은 뜻과 소리를 찾아 ⭕ 하세요.

| 住 | 살 / 이름 / 성씨 | 주 / 성 / 명 |
|---|---|---|
| 所 | 곳/바 / 성씨 / 이름 | 성 / 명 / 소 |
| 姓 | 이름 / 살 / 성씨 | 성 / 주 / 명 |
| 名 | 이름 / 살 / 곳/바 | 소 / 명 / 주 |

● 한자의 3요소를 각각 분리하여 찾을 수 있도록 합니다. 한자 카드를 보고 찾거나 교재의 모양을 보고 찾는 것도 좋은 방법입니다.

빈 곳에 스티커를 붙여 그림을 완성하고 알맞게 연결하세요.

📝 자원을 보고 빈 칸에 알맞게 쓰세요.

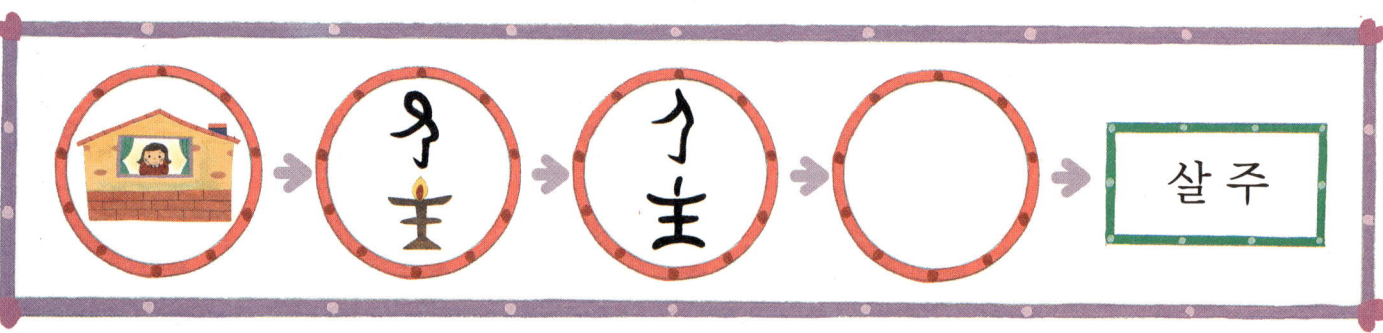

• 한자의 자원을 다시 한번 이해하면서 3요소를 학습합니다.

한자를 필순에 맞게 쓰세요.

| 살 주 | 곳/바 소 |
|---|---|
| 住 住 住 | 所 所 所 |

| 성씨 성 | 이름 명 |
|---|---|
| 姓 姓 姓 | 名 名 名 |

〈보기〉에서 알맞은 한자어를 찾아 쓰세요.

__名곡__ : 뛰어난 악곡, 유명한 악곡

住거지 : 어떤 곳에 자리 잡고 산 터

__所원__ : 바라는 바

__姓씨__ : 성의 높임말

名山 : 이름난 산

__명소__ : 
- 아름다운 경치나 고적 따위로 이름 난 곳

〈보기〉　名곡　住거지　名山　명所　所원　姓씨

● 名산, 명所는 모두 한자로 표기해 보도록 합니다. (名山, 名所)

동화를 읽고 〈보기〉에서 알맞은 한자를 찾아 쓰세요.

# 동지 팥죽

옛날 중국에 공공이라는 사람이 살았어요 [住].

공공에게는 매일 말썽만 부리는 못된 아들이 하나 있었어요.

말썽이 어찌나 심했던지 마을 里 사람들도 슬슬 피해 다닐 정도였지요.

그런데 어느 추운 동짓날, 공공의 아들은 큰 사고로 세상을 떠났어요.

못된 아들이었지만 공공은 너무 슬펐어요.

그런데 그 아들이 죽어서도 심술을 부리느라고 역질이라는 무서운 병의 귀신이 되어 나타난 것이었어요.

"못된 것! 죽어서까지 사람들을 괴롭히다니."

공공은 아무리 성 [姓] 이 같은 아들이라도 더는 참을 수가 없었어요.

그래서 아들이 살았을 때 싫어했던 붉은 [赤] 팥으로 죽을 쑤어

대문 [門] 간과 집 안, 마당 구석구석 곳곳 [所] 에 뿌려 놓았어요.

그랬더니 "으악! 이게 뭐야. 내가 제일 싫어하는 팥이잖아."

역질 귀신은 이렇게 말하고 멀리멀리 달아나 버렸어요.

그 날 이후로 사람들은 해마다 동짓날 팥죽을 끓여 먹는답니다 [食].

〈보기〉 住 姓 所 赤 門 食 里

• 전래 동화나 재미있는 이야기를 통하여 지금까지 학습한 한자를 문장 속에 적용하여 봅니다.

● 한자의 뜻과 소리를 쓰세요.

住 뜻: _____ 소리: _____

名 뜻: _____ 소리: _____

姓 뜻: _____ 소리: _____

所 뜻: _____ 소리: _____

● 바르게 연결하세요.

所

住

名

姓

● 빈 칸에 알맞은 한자를 쓰세요.

　＊그것은 불후의 □명 □작 이다.

　＊사장님께서 신입 사원의 □성 □명 을 물어보셨습니다.

　＊이 책을 읽은 □소 □감 을 말해 보세요.

　＊이곳은 □주 □택 이 밀집된 지역입니다.

● 뜻·소리에 알맞은 한자를 쓰세요.

| | | | | | | | |
|---|---|---|---|---|---|---|---|
| 살 주 | | | | | | | |
| 곳/바 소 | | | | | | | |
| 성씨 성 | | | | | | | |
| 이름 명 | | | | | | | |

 漢字 보따리

# 한자의 서체 1

한자의 글자 모양은 오랜 세월 동안 많이 변했습니다.
사물의 모양을 본떠서 그림으로 표현한 것에서부터 출발하여

(  - 日 /  - 鳥 /  - 月 )

차츰 변형되고 발전하여 오늘날 우리가 배우는 한자의 모양을 갖추게 되었습니다.
한자 모양의 변화에 대해서 알아보기로 할까요.

● **갑골문(甲骨文)**

중국의 은(殷)나라의 유적지에서 발견된 거북이의 배딱지나 짐승의 뼈에 새겨져 있는 글자를 갑골문이라고 합니다.

옛날 은나라 사람들이 나라의 일을 결정할 때 거북의 배딱지나 짐승의 뼈를 불에 구워 갈라지는 금을 보고 길흉화복을 점치곤 했습니다.

그러한 점의 결과를 기록하였으므로 복사(卜辭)라는 이름으로도 불립니다.

- 계속 -

해답

D1집
13a-24a

13a

13b

15a

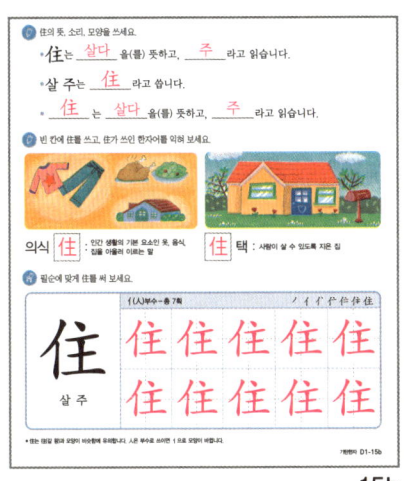
15b

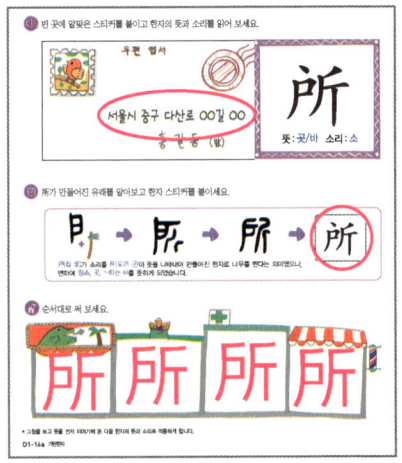
16a

16b

17a

17b

18a

기탄한자 **D1-23b**

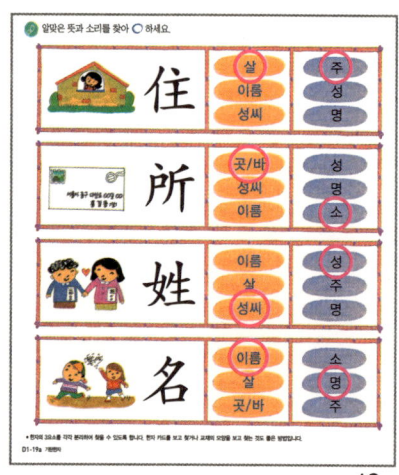

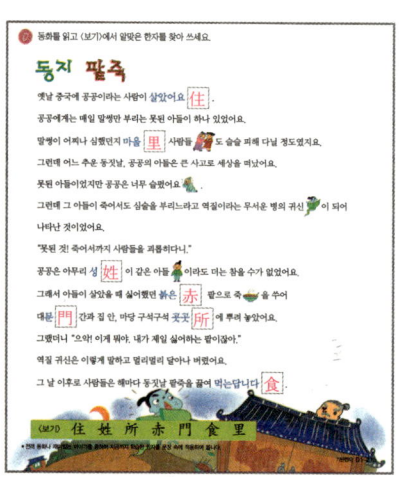

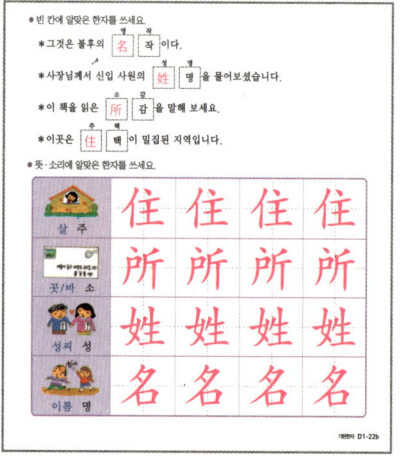

기탄한자 D1집 2호 한자 카드

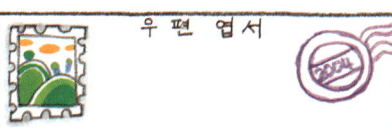

住 　　　所

姓 　　　名

| 所 곳/바 소 | 住 살 주 |
|---|---|
| 名 이름 명 | 姓 성씨 성 |

# 衣食住

# 場所

# 姓名

# 地名

## 장소
무엇이 있거나 무슨 일이 벌어지거나 하는 곳

場:마당 장  所:곳/바 소

## 의식주
인간 생활의 기본 요소인 옷, 음식, 집을 아울러 이르는 말

衣:옷 의   食:먹을 식
住:살 주

## 지명
땅의 이름.
지방, 지역 등의 이름

地:땅 지   名:이름 명

## 성명
성과 이름

姓:성씨 성   名:이름 명

| 住 살 주 | 所 곳/바 소 | 姓 성씨 성 | 名 이름 명 |

 住

서울시 중구 다산로 00길 00

所

 姓

 所

姓

名

살 주　　이름 명

 재미로 읽기

이름 명 名

**펴낸이** : 정지향
**펴낸곳** : (주)기탄교육
**기획·편집·디자인** : 기탄교육연구소
**주소** : 06698 서울특별시 서초구 효령로 40 기탄출판센터
**등록** : 제2000-000098호
**전화** : (02) 586-1007
**팩스** : (02) 586-2337

※서점에 갈 시간이 없거나 구하기 어려운 분은 인터넷 또는 전화로 신청하세요. 즉시 우송해 드립니다.
● www.gitan.co.kr

ⓒ (주)기탄교육 All rights reserved.
저작권자의 동의 없이 본 교재를 무단으로 복제하거나 전재하는 것을 금합니다.

# 받아쓰기

● 엄마가 뜻·소리를 부르고 아이가 한자를 써 보도록 합니다.

2호에서 배운 한자를 다시 한번 써 보세요.

| 住 | 住 住 住 住 住 |
| :---: | :---: |
| 살 주 | |

| 所 | 所 所 所 所 所 |
| :---: | :---: |
| 곳/바 소 | |

| 姓 | 姓 姓 姓 姓 姓 |
| :---: | :---: |
| 성씨 성 | |

| 名 | 名 名 名 名 名 |
| :---: | :---: |
| 이름 명 | |

3호

기탄한자 D단계 1집 25a~36a

그림으로 익히고 놀이로 기억하는 입체 한자 학습 프로그램

# 기탄® 한자

**D1집**
**3호**
25a-36a

공부한 날   월   일 ~   월   일
　　　　　(원)교　　　반
이름　　　　　전화

www.gitan.co.kr

기초 탄탄한 교육・기초 탄탄한 학습
기탄교육

 **D단계**에서 배울 한자입니다.

| | D단계 | | | | | | |
|---|---|---|---|---|---|---|---|
| 1집 | 靑, 赤, 音, 色 | 2집 | 公, 平, 意, 思 | 3집 | 前, 後, 走, 止 | 4집 | 世, 界, 國, 家 |
| | 住, 所, 姓, 名 | | 老, 弱, 貧, 富 | | 法, 道, 完, 全 | | 東, 西, 見, 聞 |
| | 利, 用, 有, 無 | | 正, 直, 忠, 孝 | | 善, 惡, 長, 短 | | 南, 北, 兒, 童 |
| | 복습 | | 복습 | | 복습 | | 복습 |

※ 매주마다 학습한 한자를 누적하여 읽어 보세요.

## 학습진단 관리표

| | | 훈음 읽기 | 훈음 쓰기 | 한자 쓰기 | 한자어 읽기 | 이번 주는? | | | |
|---|---|---|---|---|---|---|---|---|---|
| 금주평가 | | Ⓐ 아주 잘함 | Ⓐ 아주 잘함 | Ⓐ 아주 잘함 | Ⓐ 아주 잘함 | ● 학습방법 | ❶ 매일매일 | ❷ 가끔 | ❸ 한꺼번에 하였습니다. |
| | | Ⓑ 잘함 | Ⓑ 잘함 | Ⓑ 잘함 | Ⓑ 잘함 | ● 학습태도 | ❶ 스스로 잘 | ❷ 시켜서 억지로 하였습니다. | |
| | | Ⓒ 보통 | Ⓒ 보통 | Ⓒ 보통 | Ⓒ 보통 | ● 학습흥미 | ❶ 재미있게 | ❷ 싫증내며 하였습니다. | |
| | | Ⓓ 노력해야 함 | Ⓓ 노력해야 함 | Ⓓ 노력해야 함 | Ⓓ 노력해야 함 | ● 교재내용 | ❶ 적합하다고 | ❷ 어렵다고 | ❸ 쉽다고 하였습니다. |

지도 교사가 부모님께 / 부모님이 지도 교사께

| 종합평가 | Ⓐ 아주 잘함 | Ⓑ 잘함 | Ⓒ 보통 | Ⓓ 노력해야 함 |
|---|---|---|---|---|

이번 주에는 利 (이로울 리), 用 (쓸 용), 有 (있을 유), 無 (없을 무)를 배워요.

이렇게 도와 주세요

| 1 일차 25a~26b | • 지난 호에서 학습한 住, 所, 姓, 名을 복습합니다.<br>• 동화를 읽고 利, 用, 有, 無의 뜻을 이야기해 봅니다.<br>• 한자 카드나 받아쓰기로 앞서 배운 한자를 복습합니다. |
| 2 일차 27a~28b | • 利와 用의 뜻, 소리, 자원, 필순, 한자어를 학습합니다.<br>• 利는 날카롭다, 이롭다 등 여러 뜻으로 쓰임을 설명합니다.<br>• 用과 모양이 비슷한 한자인 冊(책 책)과 구별하도록 합니다. |
| 3 일차 29a~30b | • 有와 無의 뜻, 소리, 자원, 필순, 한자어를 학습합니다.<br>• 有와 無는 서로 상대되는 뜻을 지닌 한자입니다. |
| 4 일차 31a~33b | • 33a에서 利, 用, 有, 無가 쓰인 한자어를 쓰고 다른 한자어도 이야기해 봅니다.<br>• 利는 첫소리로 쓰이면 '이'로 소리남을 설명합니다. (예: 이자, 이익) |
| 5 일차 34a~36a | • 풀어보기를 통해서 아이의 학습 성취도를 확인합니다.<br>• 한자 보따리를 아이와 같이 읽어 보고 서체의 이해를 도와 줍니다.<br>• 한자 카드는 고리에 끼워서 모아 두고 매일 잠깐씩 보여 줍니다. |

## 다시 보기

✏️ 한자를 따라 쓰고 빈 칸에 뜻과 소리를 쓰세요.

所  뜻:　　소리:

住  뜻:　　소리:

姓  뜻:　　소리:

名  뜻:　　소리:

• 지난 호에서 학습한 住, 所, 姓, 名의 필순, 뜻, 소리를 복습합니다.

빈 칸에 알맞은 한자를 쓰세요.

### 들어가기

동화를 읽고 같은 모양의 한자를 찾아 스티커를 붙이세요.

# 장난꾸러기 개구리

쥐와 개구리가 서로 친구가 되었어요. 그런데 개구리는 못 말리는 장난꾸러기였어요.
어느 날 개구리가 쥐를 골려 주려고 끈을 가지고 쥐를 찾아갔어요.
"개구리야, 끈은 무엇에 **쓸거니(用)**?"
"응, 아주 재미있는 생각이 났거든."
그리고는 끈으로 쥐의 발과 제 발을 꽁꽁 묶었어요.
쥐가 깜짝 놀라 버둥거리자 개구리는 말했어요.
"너와 나는 친한 친구지? 그러니까 무슨 일이든 나만 따라하면
네게 **이로울(利)**거야. 자, 우리 함께 놀러 가자."

• 동화를 읽고 문장 속에서 쓰인 한자를 알아봅니다.

개구리는 신이 나서 팔짝팔짝 뛰었지만
쥐는 엉거주춤 넘어지기 일쑤였어요.
개구리는 연못가에 이르자 재빨리 풍덩 뛰어 들었어요.
쥐도 어쩔 수 없이 물에 들어갔지만, 숨이 막혀 죽을 지경이었어요.
마침내 쥐는 물을 너무 많이 먹어서 물 위로 떠올랐어요.
그 때, 하늘을 날고 있던 매 한 마리가 이것을 보았어요.
"앗, 맛있는 먹이가 **있구나**(有)."
매는 쏜살같이 쥐와 개구리를 채 갔어요.
그 후로 쥐와 개구리를 본 동물들은 아무도 **없었어요**(無).

● 도입쪽이므로 한자의 뜻과 소리와 모양을 소개하는 정도로 학습합니다.

## 利 알아보기

🔊 빈 곳에 알맞은 스티커를 붙이고 한자의 뜻과 소리를 읽어 보세요.

뜻 : 이로울  소리 : 리

📖 利가 만들어진 유래를 알아보고 한자 스티커를 붙이세요.

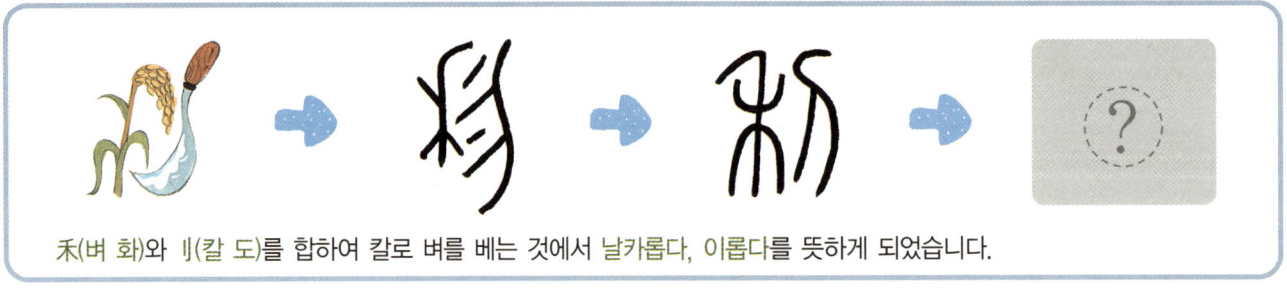

禾(벼 화)와 刂(칼 도)를 합하여 칼로 벼를 베는 것에서 날카롭다, 이롭다를 뜻하게 되었습니다.

✏️ 순서대로 써 보세요.

● 利는 첫음으로 쓰일 때 '이'로 읽힙니다. 예 : 利用(이용)

📝 利의 뜻, 소리, 모양을 쓰세요.

- 利는 _____ 을(를) 뜻하고, _____ 라고 읽습니다.

- 이로울 리는 _____ 라고 씁니다.

- _____ 는 _____ 을(를) 뜻하고, _____ 라고 읽습니다.

📝 빈 칸에 利를 쓰고, 利가 쓰인 한자어를 익혀 보세요.

☐ 用 : 물건을 이롭게 쓰거나 쓸모있게 씀

銳 ☐ : (칼날 등이) 날카로움

📝 필순에 맞게 利를 써 보세요.

刂(刀)부수 – 총 7획

丿 二 千 千 禾 利 利

利
이로울 리

• 刀(칼 도)는 부수로 쓰일 때 모양이 변합니다. (刀 → 刂)

🔊 빈 곳에 알맞은 스티커를 붙이고 한자의 뜻과 소리를 읽어 보세요.

뜻: 쓸  소리: 용

📄 用이 만들어진 유래를 알아보고 한자 스티커를 붙이세요.

본디 큰 종인 용(甬)으로서 옛날 중국에서 부피를 재는데 써서 쓰다를 뜻합니다.

✏️ 순서대로 써 보세요.

• 用은 '사용하다, 소용되다' 등을 뜻합니다.

✏️ 用의 뜻, 소리, 모양을 쓰세요.

- 用은 _____을(를) 뜻하고, _____이라고 읽습니다.

- 쓸 용은 _____이라고 씁니다.

- _____ 은 _____을(를) 뜻하고, _____ 이라고 읽습니다.

🖍️ 빈 칸에 用을 쓰고, 用이 쓰인 한자어를 익혀 보세요.

공 ☐ : 공공의 목적으로 사용함

식 ☐ : 먹을 것으로 씀

✏️ 필순에 맞게 用을 써 보세요.

用부수 – 총 5획    丿 冂 月 月 用

用
쓸 용

用 用 用 用 用

• 用과 모양이 비슷한 한자인 冊(책 책)과 구별에 유의합니다.

 有 알아보기

🔊 빈 곳에 알맞은 스티커를 붙이고 한자의 뜻과 소리를 읽어 보세요.

뜻 : 있을   소리 : 유

📋 有가 만들어진 유래를 알아보고 한자 스티커를 붙이세요.

손(ナ)으로 고기(肉 ➡ 月)를 잡아 가지고 있다는 데에서 있다를 뜻합니다.

✏️ 순서대로 써 보세요.

• 有의 ナ 는 友(벗 우), 右(오른쪽 우)의 ナ 와 같이 '손'을 뜻합니다. 有의 필순에 유의합니다.

📝 有의 뜻, 소리, 모양을 쓰세요.

- 有는 _____ 을(를) 뜻하고, _____ 라고 읽습니다.

- 있을 유는 _____ 라고 씁니다.

- _____ 는 _____ 을(를) 뜻하고, _____ 라고 읽습니다.

📝 빈 칸에 有를 쓰고, 有가 쓰인 한자어를 익혀 보세요.

☐ 명 : 이름이 널리 알려져 있음

소 ☐ : 자기의 것으로 가짐

📝 필순에 맞게 有를 써 보세요.

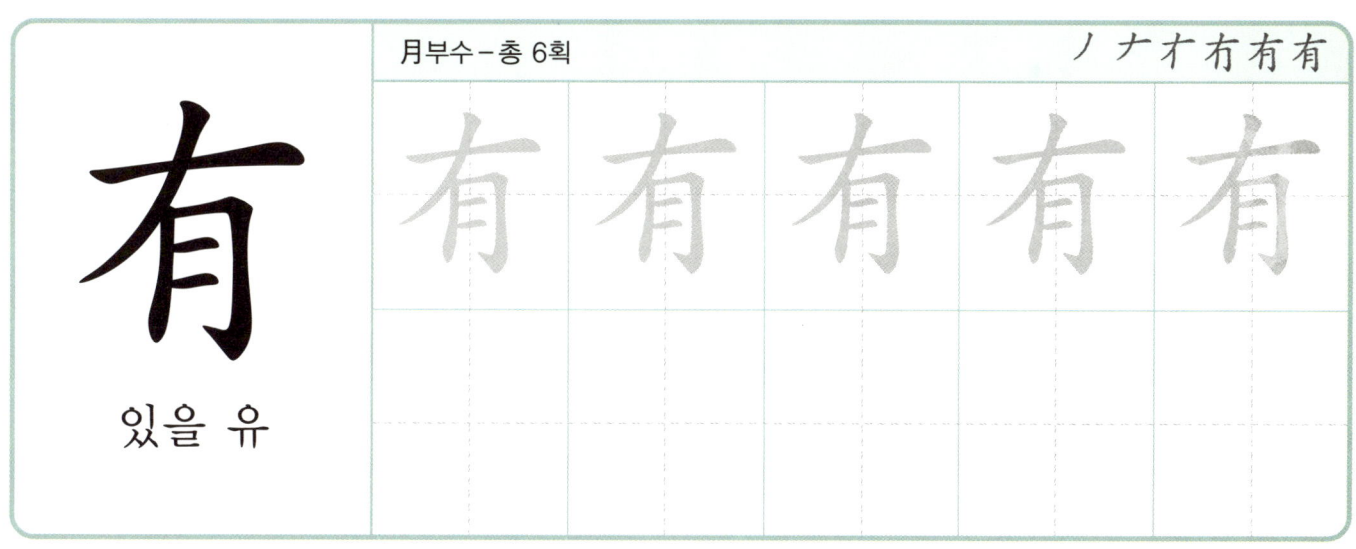

有
있을 유

月부수 - 총 6획

丿ナ有有有

- 有의 필순은 一ナ才有有有 의 순으로 쓰기도 합니다.

 無 알아보기

🔊 빈 곳에 알맞은 스티커를 붙이고 한자의 뜻과 소리를 읽어 보세요.

뜻: 없을  소리: 무

📝 無가 만들어진 유래를 알아보고 한자 스티커를 붙이세요.

큰 숲이 불에 타는 모양을 본뜬 한자로, 큰 숲이라도 불이 나서 타버리면 모두 없어진다는 데서 없다는 뜻을 나타냅니다.

✏️ 순서대로 써 보세요.

● 無는 有와 반대되는 뜻을 가진 한자입니다.

🖊 無의 뜻, 소리, 모양을 쓰세요.

- 無는 _____을(를) 뜻하고, _____라고 읽습니다.

- 없을 무는 _____라고 씁니다.

- _____는 _____을(를) 뜻하고, _____라고 읽습니다.

🖊 빈 칸에 無를 쓰고, 無가 쓰인 한자어를 익혀 보세요.

☐ 인도 : 사람이 살지 않는 섬

☐ 례 : 예의가 없음

🖊 필순에 맞게 無를 써 보세요.

無
없을 무

灬(火)부수 - 총 12획

● 無에서 火가 부수로 쓰여 灬로 모양이 변했습니다.

## 다지기

🧦 알맞은 뜻과 소리를 찾아 ◯하세요.

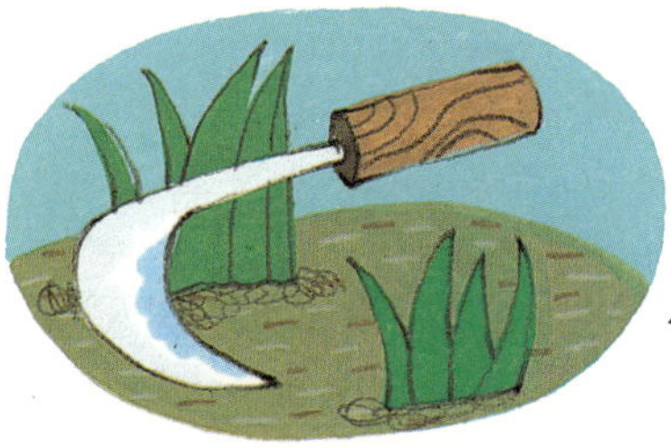

| 利 | 없을 / 이로울 / 쓸 | 용 / 무 / 리 |
| 用 | 쓸 / 없을 / 있을 | 용 / 유 / 무 |
| 有 | 있을 / 없을 / 이로울 | 리 / 유 / 무 |
| 無 | 이로울 / 있을 / 없을 | 무 / 유 / 리 |

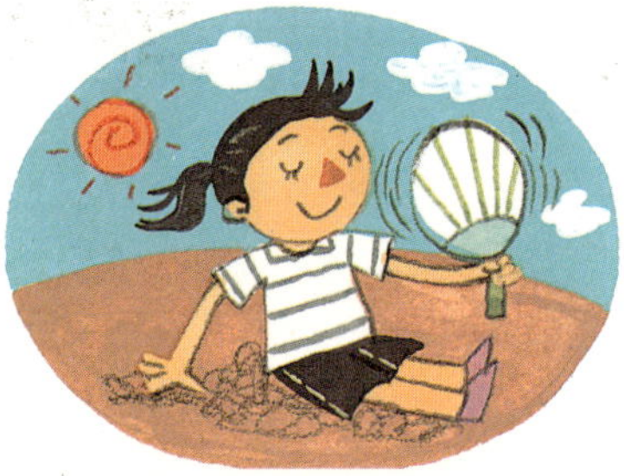

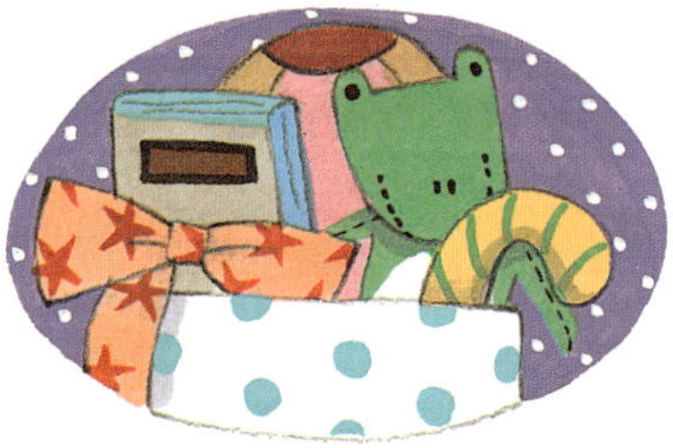

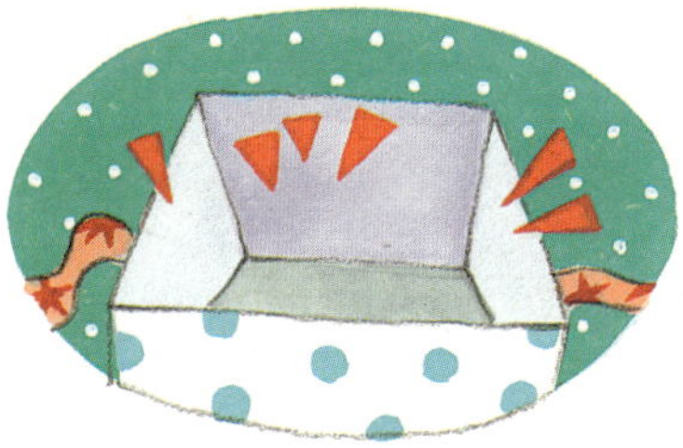

● 한자의 3요소를 각각 분리하여 찾을 수 있도록 합니다.

빈 곳에 스티커를 붙여 그림을 완성하고 알맞게 연결하세요.

자원을 보고 빈 칸에 알맞게 쓰세요.

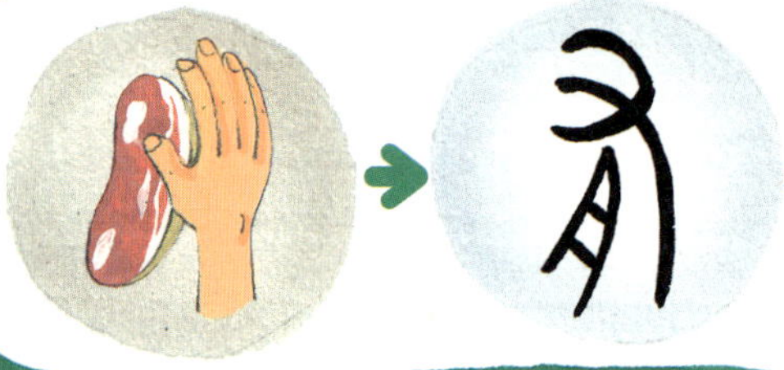

한자를 필순에 맞게 쓰세요.

- 뜻과 소리를 보고 필순을 기억하여 쓸 수 있도록 합니다.

〈보기〉에서 알맞은 한자어를 찾아 쓰세요.

이익 : 이롭고 도움이 되는 일

학용품 : 학습에 필요한 물품

비용 • 무엇을 사거나 어떤 일을 하는데 드는 돈

이자 • 남에게 금전을 꾸어 쓴 대가로 치르는 일정한 비율의 금전

有공자 : 나라에 공로가 있는 사람

無직 : 일정한 직업이 없음

〈보기〉 無직  학용품  有공자  이자  비용  이익

동화를 읽고 〈보기〉에서 알맞은 한자를 찾아 쓰세요.

# 젊어지는 샘물

옛날 어느 산골에 마음씨 착한 할아버지와 할머니가 살았어요 ☐.

하루는 할아버지가 나무 ☐ 를 하러 산에 갔는데 옹달샘이 있었어요 ☐.

마침 목이 말랐던 할아버지는 옹달샘물을 꿀꺽꿀꺽 마셨어요.

집으로 돌아온 할아버지는 깜짝 놀랐어요. 할머니가 자기를 젊은이인 줄 알고 알아보지 못하는 것이에요.

"아니? 그럼, 그 샘물이 젊어지는 샘물이군."

이튿날, 할머니도 산 속으로 가서 옹달샘물을 마셨어요. 할머니도 하늘에서 내려온 선녀처럼 젊어졌어요.

그 소문을 들은 옆집 욕심쟁이 할아버지도 산 속 옹달샘으로 갔어요.

"샘물을 잘 이용 ☐ ☐ 해야지. 난 더 많이 ☐ 마시고 더 젊어질거야. 꿀꺽꿀꺽."

욕심쟁이 할아버지는 어두워질 때까지 산에서 내려오지 않았어요.

마음씨 착한 할아버지와 할머니는 걱정이 되어 옹달샘으로 가보았어요.

"응애, 응애." 옹달샘 옆에 아기가 울고 있었어요.

욕심쟁이 할아버지가 샘물을 너무 많이 마셔서 아기가 되어 버린 거예요.

마음씨 착한 할아버지와 할머니는 아기를 데려다가 키웠답니다.

〈보기〉 木 住 有 多 用 利

• 문제 풀이만 주력하지 말고 동화의 내용도 감상하도록 합니다.

● 한자의 뜻과 소리를 쓰세요.

利　뜻:＿＿＿＿＿　소리:＿＿＿＿＿

用　뜻:＿＿＿＿＿　소리:＿＿＿＿＿

無　뜻:＿＿＿＿＿　소리:＿＿＿＿＿

有　뜻:＿＿＿＿＿　소리:＿＿＿＿＿

● 바르게 연결하세요.

　·　　　·　利

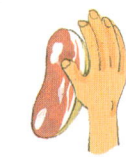　·　　　·　用

　·　　　·　有

　·　　　·　無

● 빈 칸에 알맞은 한자를 쓰세요.

　*주인공이 　예　　리　 한 칼날을 휘둘렀다.

　*　식　　용　 으로 쓰이는 버섯은 색이 화려하지 않습니다.

　*그 친구가 그렇게 　유　　명　 해지다니!

　*저의 　무　　례　 함을 용서해 주세요.

● 뜻·소리에 알맞은 한자를 쓰세요.

| | | | | |
|---|---|---|---|---|
| 이로울 리 | | | | |
| 쓸 용 | | | | |
| 있을 유 | | | | |
| 없을 무 | | | | |

# 한자의 서체 2

● 금문(金文)

금문(金 : 쇠 금, 文 : 글월 문)이란
이름 그대로 쇠나 청동 같은 소재에 글자를 만들거나 새겨 넣은 것을 말합니다.
중국의 은나라, 주나라 때, 주로 제사, 명령, 전쟁, 계약에 관한 내용을 새겨 넣은 글자 모양입니다.
처음에는 쇠나 청동에 만들어 입히거나 새겼으므로
글자의 모양이 두꺼웠으나 점차 가늘어졌습니다.
주로 청동으로 만들어진 제사에 쓰이는 솥이나, 술잔, 칼 등의
안쪽에 새겨진 한자들을 말합니다.

- 계속 -

# 해답

**D1집** 25a-36a

25a

25b

27a

27b

28a

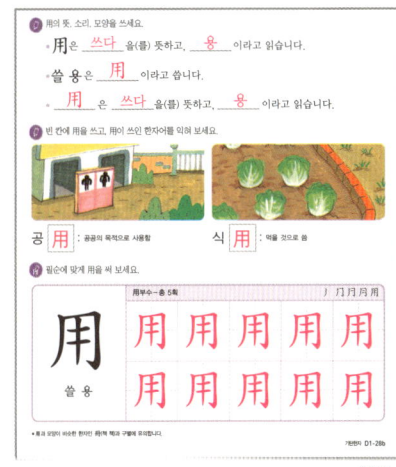
28b

29a

29b

30a

기탄한자 D1-35b

30b

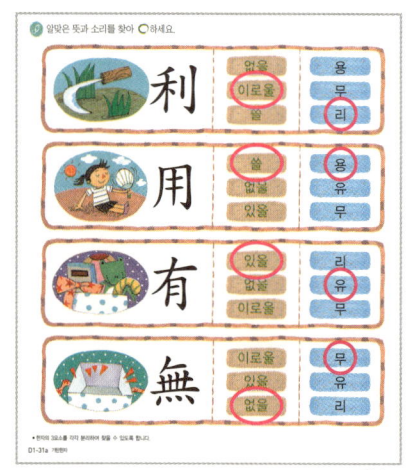
31a

31b

32a

32b

33a

33b

34a

34b

利

用

有

無

기탄한자 D1집 3호 한자 카드

| 用 쓸 용 | 利 이로울 리 |
| --- | --- |
| 無 없을 무 | 有 있을 유 |

利用

食用

所有

無人島

## 식용
먹을 것으로 씀

食: 먹을 식　用: 쓸 용

## 이용
물건을 이롭게 쓰거나 쓸모 있게 씀

利: 이로울 리　用: 쓸 용

## 무인도
사람이 살지 않는 섬

無: 없을 무　人: 사람 인
島: 섬 도

## 소유
자기의 것으로 가짐

所: 곳/바 소　有: 있을 유

 재미로 읽기

 없을 무 無

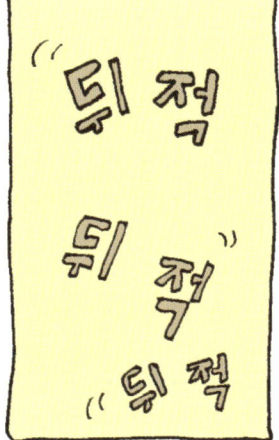

**펴낸이** : 정지향
**펴낸곳** : (주)기탄교육
**기획·편집·디자인** : 기탄교육연구소
**주소** : 06698 서울특별시 서초구 효령로 40 기탄출판센터
**등록** : 제2000-000098호
**전화** : (02)586-1007
**팩스** : (02)586-2337

※서점에 갈 시간이 없거나 구하기 어려운 분은 인터넷 또는 전화로 신청하세요. 즉시 우송해 드립니다.
● www.gitan.co.kr

ⓒ (주)기탄교육 All rights reserved.
저작권자의 동의 없이 본 교재를 무단으로 복제하거나 전재하는 것을 금합니다.

# 받아쓰기

● 엄마가 뜻·소리를 부르고 아이가 한자를 써 보도록 합니다.

3호에서 배운 한자를 다시 한번 써 보세요.

| 利 | 利 | 利 | 利 | 利 | 利 |
|---|---|---|---|---|---|
| 이로울 리 | | | | | |

| 用 | 用 | 用 | 用 | 用 | 用 |
|---|---|---|---|---|---|
| 쓸 용 | | | | | |

| 有 | 有 | 有 | 有 | 有 | 有 |
|---|---|---|---|---|---|
| 있을 유 | | | | | |

| 無 | 無 | 無 | 無 | 無 | 無 |
|---|---|---|---|---|---|
| 없을 무 | | | | | |

기탄한자 D단계 1집 37a~48a 호

그림으로 익히고 놀이로 기억하는 입체 한자 학습 프로그램

# 기탄®한자

**D1집**
4호
37a-48a

공부한 날    월   일 ~   월   일
_____
          (원)교          반
_____
이름              전화
_____
www.gitan.co.kr

기탄교육

 D단계에서 배울 한자입니다.

### D단계

| 1집 | 靑, 赤, 音, 色 | 2집 | 公, 平, 意, 思 | 3집 | 前, 後, 走, 止 | 4집 | 世, 界, 國, 家 |
|---|---|---|---|---|---|---|---|
| | 住, 所, 姓, 名 | | 老, 弱, 貧, 富 | | 法, 道, 完, 全 | | 東, 西, 見, 聞 |
| | 利, 用, 有, 無 | | 正, 直, 忠, 孝 | | 善, 惡, 長, 短 | | 南, 北, 兒, 童 |
| | 복습 | | 복습 | | 복습 | | 복습 |

※ 매주마다 학습한 한자를 누적하여 읽어 보세요.

## 학습진단관리표

| | 훈음 읽기 | 훈음 쓰기 | 한자 쓰기 | 한자어 읽기 | 이번 주는? | | |
|---|---|---|---|---|---|---|---|
| 금주평가 | Ⓐ 아주 잘함 | Ⓐ 아주 잘함 | Ⓐ 아주 잘함 | Ⓐ 아주 잘함 | ● 학습방법 | ❶ 매일매일 ❷ 가끔 ❸ 한꺼번에 하였습니다. | |
| | Ⓑ 잘함 | Ⓑ 잘함 | Ⓑ 잘함 | Ⓑ 잘함 | ● 학습태도 | ❶ 스스로 잘 ❷ 시켜서 억지로 하였습니다. | |
| | Ⓒ 보통 | Ⓒ 보통 | Ⓒ 보통 | Ⓒ 보통 | ● 학습흥미 | ❶ 재미있게 ❷ 싫증내며 하였습니다. | |
| | Ⓓ 노력해야 함 | Ⓓ 노력해야 함 | Ⓓ 노력해야 함 | Ⓓ 노력해야 함 | ● 교재내용 | ❶ 적합하다고 ❷ 어렵다고 ❸ 쉽다고 하였습니다. | |

| 지도 교사가 부모님께 | 부모님이 지도 교사께 |
|---|---|
| | |

| 종합평가 | Ⓐ 아주 잘함 | Ⓑ 잘함 | Ⓒ 보통 | Ⓓ 노력해야 함 |
|---|---|---|---|---|

**D1집**
37a-48a

이번 주에는 **D1, D2, D3호**에서 배운 한자를 복습해요.

이렇게 **도와** 주세요

| | | |
|---|---|---|
| **1**일차 37a~38b | • D1집에서 배운 12자의 뜻, 소리를 읽어 봅니다.<br>• 한자의 훈음을 읽으면서 기억나지 않는 한자를 위주로 학습합니다.<br>• 한자 맞추기 놀이로 아이와 함께 놀아 줍니다. | |
| **2**일차 39a~40a | • 2호에서 익힌 住, 所, 姓, 名의 뜻, 소리, 한자어, 자원을 복습합니다.<br>• 住, 所, 姓, 名 모두 뜻 부분과 소리 부분으로 나누어 복습해 봅니다. | |
| **3**일차 40b~41b | • 3호에서 익힌 利, 用, 有, 無의 뜻, 소리, 한자어, 자원을 복습합니다.<br>• 利用은 유의어 관계, 有無는 상대반의어 관계에 있음을 이해하도록 합니다. | |
| **4**일차 42a~44b | • 12자의 한자를 재미있는 놀이 방법을 활용해서 기억하도록 합니다.<br>• 동화 '아기 바람의 외출'을 통해 알고 있는 한자를 흥미롭게 익혀 봅니다. | |
| **5**일차 45a~48a | • 형성평가를 통해 D1집에서 배운 12자의 성취도를 평가합니다.<br>• 8세 미만의 경우는 쓰기보다는 읽기 위주로 학습합니다.<br>• 형성평가 결과에 따라 적절한 진도를 적용합니다. | |

 복습해요

🔊 한자의 뜻과 소리를 말해 보세요.

 青　 赤　 音　 色

 住　 所　 姓　 名

 利　 用　 有　 無

● D1집 1호, 2호, 3호에서 배운 한자의 뜻과 소리를 복습합니다. 모르는 한자를 위주로 지도합니다.

어떤 한자를 배웠나요? 같은 모양의 한자 스티커를 붙이고 뜻과 소리를 쓰세요.

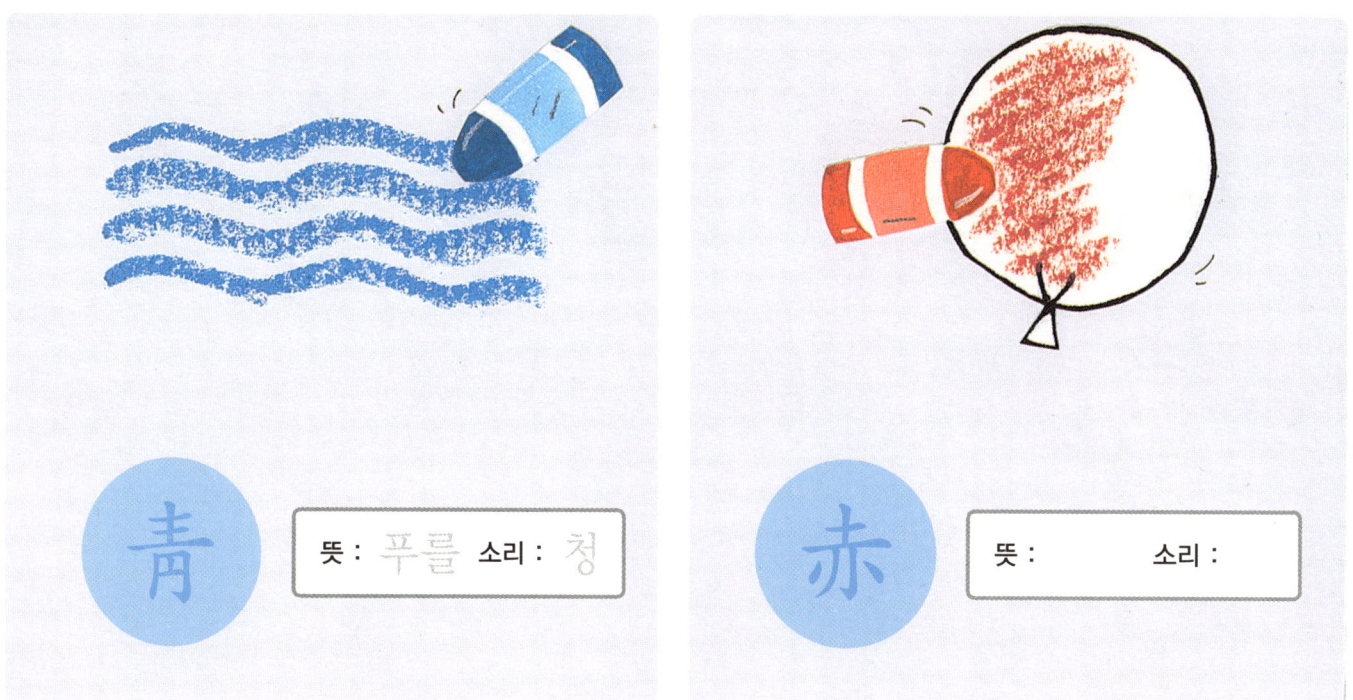

青 — 뜻: 푸를  소리: 청

赤 — 뜻:  소리:

音 — 뜻:  소리:

色 — 뜻:  소리:

● D1집 1호에서 배운 한자를 복습합니다. 10세 이상의 학습자는 스티커를 붙이지 않고 따라 쓰고 난 후 뜻·소리를 써도 무방합니다.

어떤 한자일까요? 빈 칸에 알맞은 한자를 쓰세요.

• 한자 모양을 떠올리지 못하면 한자 카드를 보고 씁니다.

빈 칸에 알맞은 한자를 쓰세요.

 소나무를 보면 청|년 이 떠오른다.

 희생을 통해 다른 사람을 사랑하는 것이 적|십|자 정신이다.

 소프라노 가수의 음|색 이 아름다웠다.

 아기처럼 예쁜 백|색 피부를 가질 수 있었으면….

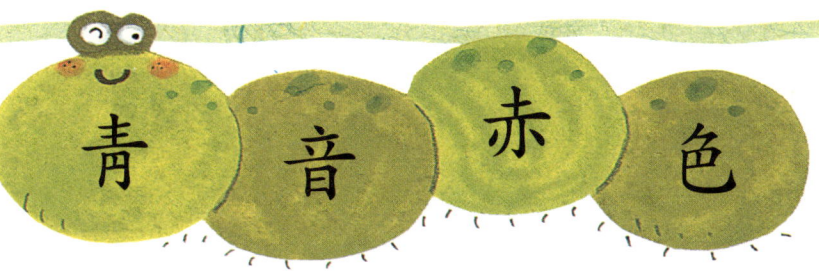

 한 번 더! 住 所 姓 名

어떤 한자를 배웠나요? 같은 모양의 한자 스티커를 붙이고 뜻과 소리를 쓰세요.

住   뜻:   소리:

所   뜻:   소리:

姓   뜻:   소리:

名   뜻:   소리:

• D1집 2호에서 배운 한자를 복습합니다.

어떤 한자일까요? 빈 칸에 알맞은 한자를 쓰세요.

빈 칸에 알맞은 한자를 쓰세요.

아빠의 꿈은 회사를 퇴직하고 전원 주[ ] 택[택] 에 사는 것이다.

보물이 묻힌 장[장] 소[ ] 가 바로 여기다!

명[ ] 작[작] 을 많이 감상하면 아름다운 정서를 기를 수 있다.

자기소개를 할 때는 먼저 성[ ] 명[명] 부터 말합니다.

住　所　姓　名

## 한번 더! 利 用 有 無

어떤 한자를 배웠나요? 같은 모양의 한자 스티커를 붙이고 뜻과 소리를 쓰세요.

利  뜻:    소리:

用  뜻:    소리:

有  뜻:    소리:

無  뜻:    소리:

• D1집 3호에서 배운 한자를 복습합니다.

어떤 한자일까요? 빈 칸에 알맞은 한자를 쓰세요.

빈 칸에 알맞은 한자를 쓰세요.

다이아몬드는 장식품으로 인기가 높지만
공업용으로 이[ ] 용[용] 되기도 한다.

컴퓨터는 학습, 업무처리, 오락 등 다양한 용[ ] 도[도] 로 쓰인다.

그 선수는 우리나라뿐 아니라 세계적으로 유[ ] 명[명] 하다.

로빈슨크루소는 무[ ] 인[인] 도[도] 에 도착했다.

利　　有　　用　　無

📝 동화를 읽고 빈 칸에 알맞은 한자를 쓰세요.

# 아기 바람의 외출

青
赤
音
色
住
所

눈보라가 쌩쌩 몰아치는 어느 날이었어요.

아기바람은 엄마 품을 떠나 처음으로 외출을 했어요.

"덜덜덜~ 세상은 이렇게 춥고 무서운 곳일까?"

아기바람은 몸을 웅크리고 벌벌 떨고 있었어요.

그런데 어디에선가 '엉엉' 우는 **소리** 音 가 들렸어요.

가까이 가 보니 **파란** ☐ 모자를 눌러 쓴 눈사람이었어요.

"넌 누군데 이런 **곳** ☐ 에서 울고 있니?"

"난 눈사람이라고 해. 친구가 오지 않아서 그래, 흑흑."

"친구 **이름** ☐ 이 뭐야?"

"아랫마을에 **사는** ☐

다정이라는 애야.

내 옷을 가지고 온다고 하고 아직 오지 않았어."

아기바람은 눈사람을 도와 주고 싶었어요.

곰곰이 생각하던 아기바람은 좋은 생각이 떠올랐어요.

그리고는 눈사람의 파란 모자를 가지고 다정이네 집까지 갔어요.

아기바람은 다정이 방 창문에 모자를 힘껏 던졌어요.

"어, 저건 내 모자네. 맞아, 눈사람 옷을 가져간다는 것을 깜빡했네. 얼마나 추웠을까?"

다정이는 눈사람 옷으로 쓸 [ ] 아빠 점퍼를 가지고 달려 갔어요.

다정이를 다시 만난 눈사람은 행복했고, 아기바람도 흐뭇했어요.

姓 名 利 用 有 無

## 다지기

🔔 퍼즐이 완성 되도록 그림을 찾아 연결하고 빈 칸에 알맞게 쓰세요.

| 青 | 無 | 有 | 赤 | 音 | 用 |

| 없을 | 붉을 | | 쓸 | | 푸를 |

| | | 무 | 청 | 음 | 용 |

• 퍼즐 색깔로 답을 구분하지 않고 모양과 뜻·소리를 찾아 학습하도록 합니다.

D1-43a 기탄한자

📝 빈 칸에 뜻과 소리를 쓰고 필순에 맞게 한자를 쓰세요.

| 青 푸를 청 | 青 | | | | |
|---|---|---|---|---|---|
| | 一 = 丰 丰 青 青 青 | | | | |
| 赤 | 赤 | | | | |
| | 一 十 土 十 赤 赤 赤 | | | | |
| 音 | 音 | | | | |
| | 、 一 一 立 产 音 音 音 | | | | |
| 色 | 色 | | | | |
| | ノ ク 夕 各 多 色 | | | | |

빈 칸에 뜻과 소리를 쓰고 필순에 맞게 한자를 쓰세요.

| 住 | | | | |
|---|---|---|---|---|
| | ノ 亻 亻 𠆢 住 住 住 | | | |
| 所 | | | | |
| | ` 丆 戶 戶 戶 所 所 所 | | | |
| 姓 | | | | |
| | ㄑ 夕 夊 女 女 𡛁 姓 姓 | | | |
| 名 | | | | |
| | ノ ク 夕 夕 名 名 | | | |

● 靑, 住, 所, 姓은 다른 필순도 통용됨에 유의합니다.

빈 칸에 뜻과 소리를 쓰고 필순에 맞게 한자를 쓰세요.

| 利 | 利 | | | | |
|---|---|---|---|---|---|
| | ノ 二 千 禾 禾 利 利 | | | | |
| 用 | 用 | | | | |
| | ノ 冂 月 月 用 | | | | |
| 有 | 有 | | | | |
| | ノ ナ 才 有 有 有 | | | | |
| 無 | 無 | | | | |
| | ノ ト 上 二 午 仁 冊 無 無 無 無 | | | | |

## 얼마나 알고 있나요?

| 평가일 | 년    월    일 |
|--------|----------------|
| 소 요 시 간 | 시   분 ~ 시   분 |
| 평 가 결 과 | 28~36문항 — 아주 잘 했어요. D2집 5호를 학습하세요.<br>19~27문항 — 틀린 한자를 다시 익혀요.<br>18문항 이하 — D1집을 복습해요. |

● 한자의 뜻과 소리를 쓰세요.

1. 住    뜻:    소리:
2. 所    뜻:    소리:
3. 姓    뜻:    소리:
4. 名    뜻:    소리:

5. 靑    뜻:    소리:
6. 赤    뜻:    소리:
7. 音    뜻:    소리:
8. 色    뜻:    소리:

9. 利    뜻:    소리:
10. 用   뜻:    소리:
11. 有   뜻:    소리:
12. 無   뜻:    소리:

● 선을 따라 잘라서 풀어 보세요.

● 빈 칸에 알맞은 한자를 쓰세요.

13. 곳/바 소
14. 붉을 적
15. 이로울 리
16. 쓸 용
17. 푸를 청
18. 살 주
19. 소리 음
20. 색/빛 색
21. 이름 명
22. 없을 무
23. 있을 유
24. 성씨 성

住 音 赤 無 青 姓 有 色 所 名 用 利

● 빈 칸에 알맞은 한자를 쓰세요.

25.  청 산 / 靑 산

26.  적 십 자 / 赤 십 자

27.  음 악 / 音 악

28.  백 색 / 백 色

29.  주 택 / 住 택

30.  장 소 / 場 장

31.  성 명 / 姓 명

32.  명 작 / 名 작

33.  이 용 / 利 용

34.  공 용 / 公 공

35.  유 명 / 有 명

36.  무 인 도 / 無 인 도

住 音 靑 姓 赤 無 有 色 用 利 所 名

# 해답

37b

38a

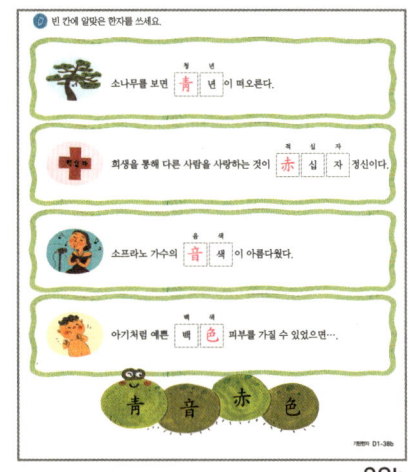
38b

39a

39b

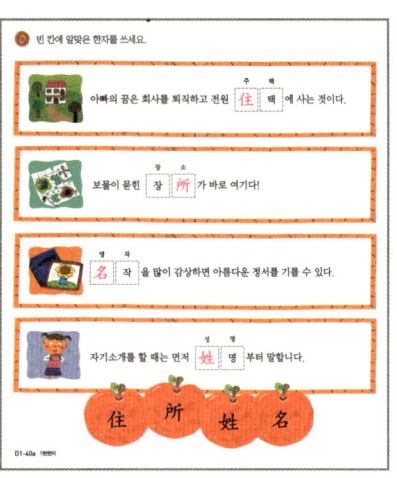
40a

40b

41a

41b

D1-48a 기탄한자

기탄한자 D1집 부교재  한자 맞추기 놀이 1

조각1

들

이름

곳/바

오를

한

조각2

이들롱

있을

에서

주리

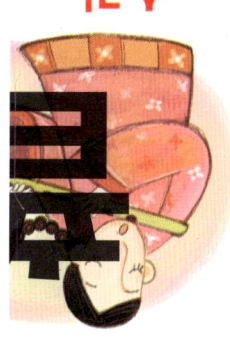

푸를

붉을

색/빛

● 조각1 과 조각2 를 맞추어 주사위를 만들어요. D1집 4호 간지에 실린 한자 맞추기 놀이 방법을 활용해서 아이와 함께 놀아 주세요.

기탄한자 D1집 부교재 　한자 맞추기 놀이 2

● 조각1 과 조각2 를 맞추어 주사위를 만들어요. D1집 4호 간지에 실린 한자 맞추기 놀이 방법을 활용해서 아이와 함께 놀아 주세요.

기탄한자 D1집

37b

青　音　赤　色

39a

住　所　名　姓

40b

有　無　利　用

44a　　　　　　44b

42a

42b

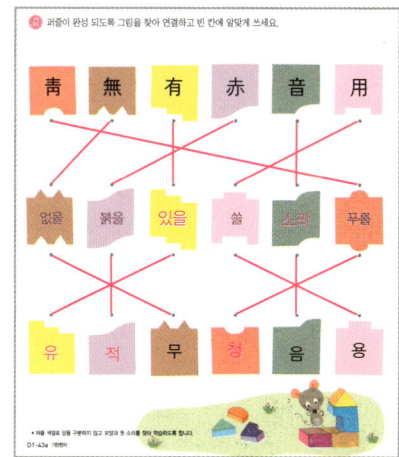
43a

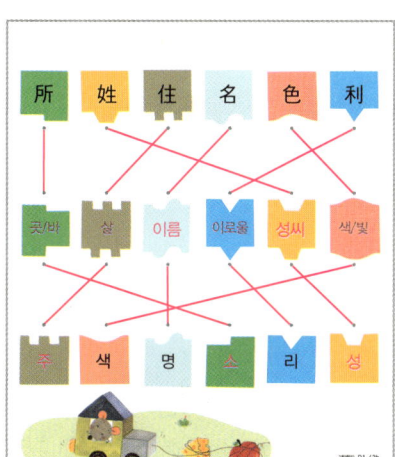
43b

44a

44b

46b

47a

47b

**펴낸이** : 정지향
**펴낸곳** : (주)기탄교육
**기획·편집·디자인** : 기탄교육연구소
**주소** : 06698 서울특별시 서초구 효령로 40 기탄출판센터
**등록** : 제2000-000098호
**전화** : (02) 586-1007
**팩스** : (02) 586-2337

※서점에 갈 시간이 없거나 구하기 어려운 분은 인터넷 또는 전화로 신청하세요. 즉시 우송해 드립니다.
● www.gitan.co.kr

ⓒ (주)기탄교육 All rights reserved.
저작권자의 동의 없이 본 교재를 무단으로 복제하거나 전재하는 것을 금합니다.

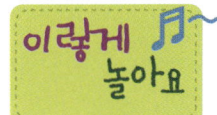

# 한자 맞추기 놀이

한자 맞추기 놀이는 두 개의 주사위를 만들어 한자의 모양과 뜻·소리를 복습하는 놀잇감입니다. 아이가 한자의 모양을 보고 맞추는 습관을 갖게 하고 어려워할 경우에는 그림 조각을 맞추어서 한자를 완성하도록 합니다. 형성자나 회의자를 학습할 때 더욱 유용하게 쓰일 수 있는 놀이 방법입니다.

● **듣고 맞추기**

**1** 4호의 부교재를 뜯어 두 개의 주사위를 만들어요.

**2** 엄마가 '소리 음' 하고 뜻·소리를 말해요.

**3** 아이가 두 개의 주사위를 맞추어서 '音'을 만들어요.

● **주사위 던지기**

**1** 4호의 부교재를 뜯어 두 개의 주사위를 만들어요.

**2** 가위바위보를 해서 이긴 사람이 하나의 주사위를 던져요.

**3** 진 사람은 떨어진 주사위의 윗면에 맞는 한자 조각을 찾아 맞춥니다.

· 제시된 놀이 방법 이외에도 재미있는 방법으로 익히도록 합니다.

**기획·편집·디자인** 기탄교육연구소
**주소** 06698 서울특별시 서초구 효령로 40 기탄출판센터 | **전화** (02) 586-1007 | **팩스** (02) 586-2337
ⓒ (주)기탄교육 All rights reserved. 본 교재의 저작에 관한 모든 권리는 (주)기탄교육에 있습니다. 저작권자의 동의 없이 본 교재를 무단으로 복제하거나 전재하는 것을 금합니다.